MW01715767

TITAN
JEUNESSE

ENVERS ET CONTRE TOUS

De la même auteure chez Québec Amérique

Jeunesse

Chanson pour Frédéric, coll. Titan, 1996.

- **Prix Livromanie de Communication-Jeunesse 1997-1998.**

Les Fausses notes, coll. Titan+, 1999.

Les Naufrages d'Isabelle, coll. Titan, 2002.

- **Prix Livromanie Communication-Jeunesse 2002-2003**

SÉRIE CLARA

En plein cœur, coll. Titan, 2005.

Sur les pas de Julie, coll. Titan, 2006.

ENVERS ET CONTRE TOUS

TANIA BOULET

QUÉBEC AMÉRIQUE jeunesse

Catalogage avant publication de Bibliothèque et Archives Canada

Boulet, Tania
Envers et contre tous
(Titan: 61)

ISBN-13 : 978-2-7644-0375-4
ISBN-10 : 2-7644-0375-5

I. Titre. II. Collection: Titan jeunesse; 61.
PS8553.O844E85 2004 jC843'.54 C2004-941502-6
PS9553.O844E85 2004

Conseil des Arts du Canada Canada Council for the Arts

SODEC Québec

Nous reconnaissons l'aide financière du gouvernement du Canada par l'entremise du Programme d'aide au développement de l'industrie de l'édition (PADIÉ) pour nos activités d'édition.

Gouvernement du Québec – Programme de crédit d'impôt pour l'édition de livres – Gestion SODEC.

Les Éditions Québec Amérique bénéficient du programme de subvention globale du Conseil des Arts du Canada. Elles tiennent également à remercier la SODEC pour son appui financier.

Québec Amérique
329, rue de la Commune Ouest, 3e étage
Montréal (Québec) H2Y 2E1
Téléphone: (514) 499-3000, télécopieur: (514) 499-3010

Dépôt légal: 3e trimestre 2004
Bibliothèque nationale du Québec
Bibliothèque nationale du Canada

Révision linguistique: Andrée Laprise
Mise en pages: Andréa Joseph [PageXpress]
Réimpression : novembre 2006

Tous droits de traduction, de reproduction et d'adaptation réservés

© 2004 Éditions Québec Amérique inc.
www.quebec-amerique.com

Imprimé au Canada

À Mireille Pelletier,
Myriam Desbiens,
Jane-Anne Cormier
et Vanessa Noël,
parce qu'elles sont restées.

Chapitre 1

Moi qui suis plutôt du genre à n'avoir peur de rien, je n'aurais jamais cru qu'une simple rentrée scolaire pourrait me rendre aussi nerveuse. J'ai la bouche sèche, le cœur qui palpite, les mains moites… Les mêmes symptômes que lorsqu'on tombe amoureux, mais pour une raison bien différente !

J'aurais envie de m'enfuir, de courir à toutes jambes le plus loin possible de cette nouvelle école. Elle me semble froide et hostile, tellement différente de celle que j'ai dû laisser… Pourtant, je n'ai pas le choix, je devrai y venir pour les deux prochaines années. À cette pensée, ma gorge se serre. Ce qui m'a fait le plus de peine, quand j'ai su que nous allions déménager, c'était de savoir que je n'irais pas à mon bal de finissants avec les amis que j'ai toujours eus. Ça, et Simon, bien sûr.

Bon, ça y est, j'ai les yeux pleins d'eau. C'est ma faute, aussi ! Je sais bien que je ne dois pas penser à Simon quand je me sens le cœur fragile. Il me semble si loin, presque dans une autre vie. Comment vais-je survivre sans lui, alors qu'il partage toutes mes journées depuis un an et demi ? Simon, ce n'est pas seulement un gars extraordinaire, un athlète exceptionnel et le plus actif des élèves de mon ancienne école, c'est aussi le chum idéal. Malgré toutes ses activités, il trouvait toujours du temps pour moi. Maintenant, il devra se contenter de me voir en pensée. Et puis, j'ai beau avoir entièrement confiance en lui, savoir que les plus belles filles de l'école vont lui tourner autour, ça me donne la chair de poule !

Bon, je ne passerai pas toute la journée à m'apitoyer sur mon sort. Simon n'est quand même pas mort, je le verrai la fin de semaine de l'Action de Grâces. Je peux survivre à six semaines d'attente. Et pour ce qui est du bal de finissants, j'ai deux ans pour m'y faire et me fondre dans le reste de la gang…

Comme si j'avais déjà réussi à me fondre quelque part ! Quand on a des cheveux aussi roux que les miens, passer inaperçue relève du tour de force. Et comme je déteste perdre mon temps, je les laisse pousser. J'ai trop à faire pour aller m'asseoir dans un salon de coiffure toutes les six semaines, comme le fait Claudia, ma meilleure amie, qui porte les cheveux courts et qui perd un temps fou à se coiffer tous les matins. Moi, je les attache en queue de cheval : une brosse, un élastique et je suis prête en trente secondes ! Claudia m'a répété mille fois que je devrais faire un effort, qu'avec sa tendance naturelle à friser, ma chevelure pourrait me donner un look d'enfer. Désolée mais, sans vouloir faire de jeu de mots, je n'ai pas envie de me casser la tête pour si peu. Je m'accommode parfaitement de ma queue de cheval, et ceux qui n'aiment pas n'ont qu'à regarder ailleurs.

Aujourd'hui, pourtant, je regrette de ne pas m'être fait raser le crâne avant de commencer l'école. Je n'ai même pas encore mis le pied à l'intérieur et tout le monde me dévisage. C'est un des désavantages d'habiter un village : la plupart des élèves se connaissent depuis la pouponnière, ou presque. Les nouveaux sont vite étiquetés « étrangers », quand ce n'est pas « extraterrestres »... Et je crois que je fais plutôt partie de la deuxième catégorie ! Je demande intérieurement pardon à tous ceux que j'ai jugés à mes précédentes rentrées, moi qui ai toujours vécu dans le même village. Je prends une grande inspiration... et je plonge.

Finalement, ça ne s'est pas trop mal passé. Je suis allée chercher mon horaire et j'ai visité l'école avec les autres nouveaux. Pas de chance, je suis la seule nouvelle en quatrième secondaire. J'aurais aimé qu'il y ait au moins une autre personne de mon âge dans la même situation ; on aurait pu se serrer les coudes... Tant pis ! J'aime tant jouer à l'indépendante, je suis servie.

Hier, c'était l'inscription ; aujourd'hui, l'école commence pour vrai. Je me rends à mon local en affichant l'air d'une fille qui sait parfaitement où elle va. En réalité, je me sens un peu perdue et pas très sûre de moi. Je suis l'une des premières arrivées et j'en profite pour choisir un pupitre au fond de la classe. De cette place privilégiée, j'observe les élèves qui entrent. Je me rends bientôt compte que je ne serai pas la seule à avoir une apparence un peu marginale.

S'il n'avait pas porté un vieux chandail deux fois trop grand pour lui, je ne l'aurais peut-être pas remarqué. Je sais que la mode est aux vêtements amples, mais il y a grand et grand… En plus, s'habiller avec de la grosse laine à cette période de l'année, alors que l'été n'est pas encore vraiment fini, il faut le faire… Déjà, avec sa queue de cheval, il tranche sur les autres ; ajoutez un chandail qui a l'air d'avoir trente ans et ça fait tout une combinaison ! À première vue, je dirais que ce gars-là est un artiste. Non, je n'ai pas de don de voyante, mais il a exactement l'air des artistes qu'on voit dans les films, au point d'en être presque caricatural.

À ma grande surprise, il prend place à l'avant de la classe. Quand il s'assoit, j'ai le choc de ma vie ! D'accord, j'exagère un peu, mais à peine : je croyais qu'il s'effondrerait sur une chaise, comme le font tous les gars de notre âge, mais non, il se tient bien droit, les épaules en arrière et les deux pieds à plat sur le sol. Du coup, il devient un peu suspect. Il doit être un de ces bollés qui ne pensent qu'à leurs livres et à leurs notes… Je soupire.

L'aura de mystère qui planait autour de cet inconnu vient de s'effondrer.

Pourtant, quand le prof commence à prendre les présences, je ne peux m'empêcher de guetter sa réaction. Je me demande comment il s'appelle. Il doit avoir un nom rare, exotique même... Je me concentre tellement sur lui que j'en oublie presque de lever la main en entendant « Clara Dubé ! ». Tous les regards se tournent vers moi, y compris celui de « l'artiste ». Je me sens rougir jusqu'à la racine des cheveux. Je l'ai dit, je n'ai pas peur de grand-chose et je n'ai pas de problème en général quand les gens me dévisagent, mais là, toute une classe qui se demande qui je peux bien être, d'où je viens et tout le tralala, c'est un peu trop. Pour couronner le tout, mon teint de rousse ne me fait pas de cadeau quand une occasion embarrassante se présente...

« Pascal Dumont ! » Occupée que je suis à rougir, j'ai failli manquer le discret signe de la main que l'artiste a envoyé au prof, presque avec l'air de dire : « Je suis là, on n'en fera pas toute une histoire. » Pascal Dumont ! Pour ce qui est du nom exotique, on repassera ! Malgré tout, il continue de m'intriguer, je n'y peux rien. Non, je ne suis pas en train de tomber amoureuse de lui. Il est loin d'être aussi beau que Simon et, franchement, les intellectuels ne sont pas mon genre. C'est juste que les gens différents m'attirent, peut-être parce que je suis moi-même un peu différente, avec ma crinière de clown !

Les jours s'écoulent lentement, tous pareils ou presque. Je trouve un peu difficile de m'adapter à ma nouvelle école et à ma nouvelle vie. Je m'y attendais. Dans les petites écoles comme celle-ci, c'est plutôt difficile de développer de nouvelles amitiés. Les clans sont déjà formés, les liens bien établis… Je sais tout ça, je viens moi-même d'une petite école et je n'ai jamais été encline à intégrer les nouveaux dans ma gang. Si je pouvais revenir en arrière, je les accueillerais à bras ouverts.

L'absence de Simon n'arrange pas les choses. Je savais qu'il me manquerait, mais pas à ce point ! Pas un jour ne passe sans qu'un événement, un mot ou une chanson me rappellent nos moments ensemble. Chaque fois, je me sens si seule que je serais prête à parler de n'importe quoi avec n'importe qui. Comme nos parents ont restreint l'utilisation du téléphone à deux soirs par semaine (c'est inhumain !), je me découvre des talents d'écrivaine, moi qui ai toujours détesté les productions écrites. Je noircis des pages et des pages, j'écris tout ce qui me passe par la tête, et les mots « Je t'aime » et « Tu me manques » reviennent toutes les deux lignes. Je parie que Simon n'a jamais reçu autant de courrier et qu'il n'en recevra jamais davantage dans toute sa vie. En plus, j'écris une lettre à Claudia chaque semaine. Elle aussi, je suis autorisée à lui parler de temps en temps, mais pas assez souvent à mon goût. Alors je lui raconte tout ce qui se passe dans mes lettres. Je n'ai jamais autant déploré l'absence d'ordinateur dans notre maison. Si je pouvais communiquer avec mon amour et mon amie par courriel, il me semble que tout serait plus facile… J'imagine la réaction de mes parents si je leur demandais de nous brancher, comme tout le monde : « Voyons, Clara, tu passerais ton temps devant l'écran ! » Alors, je me tais et j'écris, parfois jusqu'à avoir des crampes dans les doigts.

Aujourd'hui, ô joie ! ô bonheur ! j'ai droit à un coup de fil à Simon. Trente minutes chronométrées. Mes parents sont de vrais bourreaux. Ils ne limitent pas nos appels par souci d'économie, mais parce qu'ils ont peur que je passe mes soirées au téléphone et que ma vie sociale et mes études en souffrent. En tout cas, c'est ce qu'ils disent. Franchement ! Du temps où nous habitions le même village, Simon et moi, mes notes n'ont jamais baissé. Au contraire. J'étais tellement heureuse et pleine d'énergie que même étudier et faire mes devoirs étaient un plaisir. L'amour ne rend pas seulement aveugle, il rend fou, aussi. Pour ce qui est de ma vie sociale, aucun problème non plus. Simon et moi n'avions pas l'habitude de nous terrer dans notre coin pour être seuls. La plupart du temps, nous nous retrouvions avec le reste de la gang. Je donnerais cher pour retourner à cette époque.

Mes doigts tremblent alors que je compose le numéro. Il répond à la première sonnerie.

— Clara ?

— Salut, Simon.

Allons, bon, ma voix tremble. Je m'étais pourtant juré que je ne pleurerais pas. La dernière fois, Simon n'a probablement rien compris de ce que je lui disais tellement je sanglotais.

La conversation se déroule dans une espèce de brume. J'écoute la voix de Simon plutôt que les mots qu'il prononce. L'entendre me fait du bien, mais me brise le cœur en même temps. Tout le monde me dit que nous aurions mieux fait de nous séparer quand j'ai déménagé. Simon et moi en avons même parlé. Oui, tout aurait été plus facile, oui, j'aurais pu repartir sur des bases complètement nouvelles, mais ce n'est pas dans mes habitudes de chercher la facilité. Et qui voudrait des bases nouvelles quand celles déjà établies sont parfaites ? Qui sait si je n'ai pas trouvé l'homme de ma vie ? Je me vois encore avec Simon dans dix, vingt, cent ans…

Simon me parle de ses trois derniers jours en détail. Raconté par quelqu'un d'autre, un tel récit serait ennuyeux à mourir, mais je bois ses paroles. Je dois me retenir pour ne pas lui demander ce qu'il a mangé pour déjeuner. Il essaie de me faire parler, me pose des questions, s'intéresse à mes réponses, mais j'ai la gorge tellement serrée que les mots ne passent pas. Finalement, je ne lui raconte pas grand-chose… et surtout pas mon premier cours de ballet-jazz.

J'ai toujours aimé danser, mais je n'ai pris qu'une année de cours. J'entends d'ici les mauvaises langues dire que je n'avais probablement pas la discipline nécessaire pour en faire plus. Ça n'a rien à voir ! Il faut bien mal me connaître pour croire que je ne peux pas m'accrocher à un projet ! Non, la raison est encore plus simple : le professeur de danse venait de Québec et n'est resté qu'un an au village. C'est ça, vivre en région : souvent, les gens d'ailleurs ne s'attardent pas dans le coin… Malgré mon peu d'expérience, le professeur d'ici m'a incorporée au groupe des filles de mon âge. Heureusement ! Je me serais mal vue travailler avec des enfants de sept ou huit ans !

Il reste que mon premier cours, auquel j'ai assisté (ou plutôt, que j'ai subi) hier, a été le moment le plus épouvantable de mon existence.

Je suis entrée dans la salle de cours comme un accusé arrive à son procès. Jamais, même à ma première journée d'école cette année, je ne me suis sentie aussi observée, analysée, jugée. J'entendais presque les autres élèves se questionner : « Est-ce qu'elle a beaucoup d'expérience ? », «Est-ce qu'elle va être meilleure que nous ? », « Est-ce qu'elle va prendre trop de place ? » Je sentais même que quelques-unes d'entre elles mesuraient mentalement mon tour de hanches et la taille de mon soutien-gorge. Je n'ai jamais été grosse, mais je n'ai jamais été hyper-mince non plus. Quant à ma poitrine, elle est moyenne, c'est tout. J'avais envie de leur crier de ne pas se sentir menacées, que mon unique année de formation n'avait vraiment rien d'inquiétant. J'avais aussi et surtout envie de prendre mes jambes à mon cou et de ne jamais remettre les pieds là. Pourtant, je suis restée.

Le réchauffement s'est bien déroulé, malgré une nervosité terrible qui me donnait des crampes partout. Les choses se sont compliquées quand est venu le temps des diagonales. Le prof a commencé par nous faire répéter l'enchaînement toutes ensemble ; jusque-là, ça se passait plutôt bien. Quand il a fallu former une ligne dans un coin de la salle, j'ai pris soin de me placer la dernière, pour pouvoir observer les autres et répéter l'enchaînement dans ma tête. Quand il n'est plus resté que moi, j'ai pris une bonne inspiration et je me suis élancée. Avec un peu trop d'énergie, peut-être. Après les deux premiers pas, mes pieds se sont emmêlés et je me suis étalée de tout mon long.

Pendant deux ou trois secondes, j'ai sérieusement envisagé de rester couchée là, face contre terre, pour le reste de mes jours. Comme ce n'était pas vraiment une option, je me suis levée, j'ai tourné les talons et… j'ai repris ma place. Je n'osais pas regarder les autres élèves, mais je savais que quelques-unes se mordaient les lèvres pour ne pas rire. J'ai recommencé l'exercice, avec un peu moins d'énergie cette fois, et je l'ai exécuté de manière tout à fait honorable. Quand j'ai rejoint les autres, plus personne n'avait envie de rire. Il y a même une fille qui m'a souri avec l'air de dire : « Bravo ! Ça prenait du courage, ce que tu as fait. » Son visage ne m'est pas inconnu. Je crois qu'elle est dans le même groupe que moi à la polyvalente. Dans les petites écoles, les groupes restent à peu près les mêmes pour tous les cours, alors les visages deviennent vite familiers.

Bref, même si tout s'est finalement bien terminé, je n'allais pas raconter à Simon que j'avais fait une folle de moi !

Chapitre 2

Je suis arrivée à l'école en croyant que ce serait une journée comme les autres, que je passerais à m'ennuyer de Simon et à m'apitoyer sur mon sort. Erreur. En entrant, j'ai croisé la fille du cours de danse d'hier, qui m'a souri à nouveau en me lançant un « Salut ! » plutôt chaleureux. Elle a dû me trouver bête : j'étais tellement surprise que j'ai marmonné une réponse en continuant mon chemin, sans même m'arrêter pour la regarder comme il faut. Si ça continue, je vais me bâtir une réputation de snob.

Je me tiens présentement devant la deuxième surprise. Sur l'une des grandes fenêtres du bureau de l'animatrice à la vie étudiante, une affiche a attiré mon attention : « Tu as envie de faire partie d'une comédie musicale ? Viens t'inscrire ! » J'hésite. Si je m'engage, je devrai rester jusqu'à la fin. Je suis du genre à finir tous les livres que je commence, même quand ils sont ennuyeux au possible.

Je reste donc là, à peser le pour et le contre, quand la fille du cours de danse (il va falloir que je lui demande son prénom) vient se planter à côté de moi. Je décide de briser tout de suite ma réputation de snob, en supposant qu'elle est déjà établie :

— Excuse-moi pour tantôt. J'étais tellement surprise que je n'ai même pas réussi à te répondre comme du monde. Tu es la première à me parler.

Je donnerais cher pour avoir un sourire comme le sien.

— Ça ne fait rien. Tu vas t'inscrire ?

Elle pointe du menton l'affiche de la comédie musicale et poursuit :

— Ils vont sûrement avoir besoin de danseuses.

— Je ne sais pas encore. Tu vas t'inscrire ?

— Oui. Ça pourrait être intéressant. C'est Pascal Dumont qui est responsable du projet.

— Pascal Dumont ? Celui qui est dans notre groupe, en 4-02 ?

— Oui… Tu le connais ?

— Non, non.

Elle sourit à nouveau.

— Il a l'air spécial, hein ?

— C'est le moins qu'on puisse dire ! Je crois que je vais m'inscrire juste pour voir ce qu'il a l'intention de faire.

Elle éclate de rire.

— Fais attention ! Ce ne serait pas une bonne idée de tomber amoureuse de lui ; quand il est arrivé il y a un an et demi, les trois quarts des filles ont essayé de lui mettre le grappin dessus. Il est resté complètement indifférent.

— Tu faisais partie de ces filles-là ?

— Non. Il n'est vraiment pas mon genre.

— Moi non plus. De toute façon, j'ai déjà un chum.

— Oh, un amour à distance ! C'est tellement romantique !

— Peut-être, mais c'est surtout très difficile. Alors, on va s'inscrire ?

Nous entrons dans le bureau de Monique. Je découvre enfin le prénom de ma compagne : Julie. En me rendant à mon cours suivant avec elle, je me sens un peu moins seule.

Une semaine plus tard, je me retrouve assise avec cette même Julie dans l'amphithéâtre de l'école pour la première réunion concernant la comédie musicale. Je m'entends de mieux en mieux avec elle. Elle me ressemble un peu, côté caractère… en moins explosif. Elle semble aussi déterminée et volontaire que moi.

Par contre, j'aime beaucoup moins Ariane et Chloé, ses deux amies. Elles font partie de celles qui se retenaient de rire quand je me suis plantée au premier cours de ballet. Je les trouve plutôt superficielles. Je me demande ce que Julie peut leur trouver. C'est vrai qu'elle les connaît depuis plus longtemps que moi…

En attendant que tout le monde soit arrivé, Julie me questionne sur ma vie sentimentale.

— Alors, comment tu l'as rencontré, ton chum ?

— On ne s'est pas vraiment « rencontrés »… Tu sais comment c'est, dans les petites places : on allait à la maternelle ensemble ! Depuis notre première année au secondaire, on se tenait avec les mêmes amis, et on s'est rendu compte qu'on avait beaucoup de points en commun. On aime la même musique, les mêmes films, les mêmes sports… Simon est le meilleur joueur de soccer de l'école. J'allais toujours le voir jouer. Quand son équipe a gagné la finale du tournoi régional, il y a un an et demi, il était tellement content qu'il a un peu perdu la tête… Aussitôt que la partie a été finie, il est venu nous rejoindre en courant; je croyais qu'il venait voir toute la gang, mais il n'a même pas regardé les autres. Il m'a prise dans ses bras et m'a embrassée. C'est comme ça que tout a commencé.

Rien qu'à penser à ce moment, j'ai les jambes qui faiblissent.

— Je n'ai rien vu venir. Je ne peux même pas dire que j'espérais sortir avec lui un jour. Je l'aimais beaucoup, mais pas plus que les autres. Pourtant, quand il m'a embrassée, j'ai su tout de suite que ça allait marcher, nous deux. Le bonheur total… jusqu'à ce que je m'en aille. Maintenant, c'est l'enfer.

Julie a la bouche ouverte et les yeux dans le beurre. Si je ne me sentais pas aussi à l'envers, je rirais.

— Toi, tu as un chum?

Elle soupire.

— Non. Mon homme idéal n'est pas encore passé par ici. Tiens, parlant d'homme idéal…

Elle fait un signe de la tête vers Pascal Dumont, qui vient d'entrer. Comme je fronce les sourcils, ne comprenant pas le sens de sa remarque, elle explique :

— Je crois qu'il se prend pour un homme idéal, celui-là.

Elle n'a pas le temps de s'étendre davantage sur le sujet. Le principal intéressé, debout en avant, commence sans même nous saluer :

— Je serai bref. J'ai ici une série de copies du scénario pour la comédie musicale. Je n'en ai pas assez pour tout le monde, alors il faudra les partager. Je vais vous demander de vous inscrire dans une des catégories suivantes : chanteurs, musiciens, danseurs ou techniciens.

Il complète son énumération en nous présentant une feuille divisée en quatre colonnes, une pour chaque catégorie.

— Je ne croyais pas qu'il y aurait autant de monde, alors il n'y aura peut-être pas assez de rôles dans le scénario. J'en ajouterai au besoin. C'est tout ce que j'avais à vous dire. La première répétition aura lieu la semaine prochaine, ici. J'afficherai le jour et l'heure au bureau de Monique.

Ariane, Chloé, Julie et moi nous entendons pour partager l'une des copies du scénario. Je le lirai la première. Après avoir inscrit mon nom dans la catégorie « danseurs » (gageons qu'il n'y aura pas un seul gars), je vais prendre une copie. Je sursaute en voyant le titre. Je n'ai jamais réussi à tourner ma langue sept fois dans ma bouche avant de parler et je ne peux m'empêcher de lancer à Pascal :

— *Alice au Pays des Merveilles* ?

Il ne semble pas aimer le ton de ma voix. Il réplique :

— Lis-le avant de faire des commentaires. Tu pourrais être surprise.

Je le suis déjà. Je m'imaginais danser dans *Roméo et Juliette*, comparant mon sort à celui de la pauvre héroïne… Je me voyais fondre en larmes sur la scène et me torturer devant la mort de Roméo. J'aurais été tellement sincère et crédible dans mon rôle que j'aurais fait brailler tout l'auditoire. *Alice au Pays des Merveilles*… Je sors de cette première rencontre avec le moral dans les talons, plus du tout certaine d'avoir envie de faire partie de ce projet.

Il y a décidément quelque chose qui ne tourne pas rond chez Pascal Dumont, ou bien il n'a pas lu la même version d'*Alice au Pays des Merveilles* que moi. Son histoire ne manque pas d'intérêt, loin de là, mais c'est tellement... sombre... et trouble, aussi... Le Chat de Chester paraît épouvantablement cynique et c'est tout juste si le Roi de Cœur ne viole pas Alice. D'ailleurs, parlons-en, d'Alice. Je l'ai toujours imaginée en petite fille sage, à l'imagination débordante, d'accord, mais quand même naïve et un peu bébé. Il est évident que Pascal n'a pas la même vision du personnage que moi. Je trouve son Alice plutôt faible et plaignarde, pas tellement sympathique, en fait. Je doute que sa comédie musicale soit un succès. Mais comme je me suis engagée...

Au cours de ballet, je remets le scénario à Julie d'un air qui doit en dire long, car elle me demande aussitôt :

— C'est si terrible que ça ?

— Disons que ça ne sera pas le spectacle du siècle. À moins que les chorégraphies soient vraiment exceptionnelles !

Avec un sourire en coin, elle range les feuilles dans son sac à dos et nous prenons nos places pour le cours.

Je ne suis pas la seule à ne pas avoir aimé le scénario de Pascal. À la première répétition, il y a beaucoup moins de monde qu'à la réunion précédente. Notre metteur en scène semble un peu déboussolé. Encore une fois, il ne prend pas la peine de nous saluer et lance, comme s'il se parlait à lui-même :

— J'avais déjà commencé à travailler l'histoire pour ajouter des personnages, on dirait que j'ai fait ça pour rien…

Il se tourne vers deux gars à côté de lui, l'un avec une guitare et l'autre qui pianote sur un clavier :

— Vous connaissez Alain et Jean-François. On a commencé à mettre de la musique sur les textes des chansons. Il n'y a rien de définitif encore, on va s'ajuster au fur et à mesure. Bon, qui est intéressée par le rôle d'Alice ?

Les cinq filles qui se sont inscrites dans la catégorie « chanteurs » lèvent la main. Évidemment, tout le monde veut faire la vedette ! Le quart d'heure suivant se passe à les auditionner. Pascal n'a pas le tour de se faire aimer. Il élimine deux filles avant même qu'elles aient fini le premier couplet. Insultées et humiliées, elles partent sans essayer d'obtenir un autre rôle. Je ne les blâme pas ! Qu'est-ce que Pascal dirait s'il savait ce qui s'est passé à mon premier cours de danse ? D'après ce que je peux voir, il m'indiquerait la porte assez vite !

Pendant que Pascal travaille avec les chanteurs et les musiciens, je tue le temps en questionnant Julie à son sujet.

— Tu m'as dit qu'il est arrivé ici il y a un an et demi. Il a l'air de s'être assez bien adapté, non ?

— Oui, il s'est intégré assez vite.

— C'est suprenant, vu son attitude…

— Oh, il n'est pas toujours comme ça. En général, il est plutôt effacé. Tu l'as vu en classe, il ne fait pas beaucoup de bruit. De toute façon, il est plutôt solitaire. Il a sa gang, mais personne ne le connaît vraiment.

— Et il n'a pas de blonde ?

Julie me regarde d'un air suspicieux.

— Ben quoi, c'est une question comme une autre !

— Non, il n'a pas de blonde. Comme je te le disais l'autre jour, beaucoup de filles ont essayé, mais aucune n'a réussi à lui mettre la patte dessus.

— Pourtant, il n'est pas si beau que ça…

— Tu sais comment c'est avec les nouveaux : ils ont toujours une aura de mystère... C'est assez séduisant, quand on côtoie les mêmes gars depuis le primaire ! Pascal aurait pu profiter de la situation, surtout avec Karine Deschênes.

J'ai beau être encore toute nouvelle dans l'école, je sais qui est Karine Deschênes : le pétard en titre, à la réputation la plus salie, si on peut dire. Rares sont les gars qui ne peuvent pas se vanter d'avoir couché avec elle.

— ...mais même elle, il l'a envoyée promener.

Julie a le sourire fendu jusqu'aux oreilles.

— Depuis ce temps-là, je dois avouer que j'ai beaucoup d'admiration pour Pascal, et je ne suis pas la seule. C'est un peu la revanche des filles ordinaires ! Karine, par contre, n'a pas apprécié, c'est le moins qu'on puisse dire. Elle raconte à droite et à gauche qu'il est homosexuel.

— Et ? C'est vrai ?

Julie hausse les épaules avec une parfaite indifférence.

— Je n'en ai aucune idée. De toute façon, qu'est-ce que ça change ? Tu n'as pas l'intention de lui courir après, non ?

Non, évidemment.

Notre sujet de conversation se dirige vers nous. Presque inconsciemment, je me redresse sur ma chaise. Voyons ! Ça ne me ressemble pas d'être intimidée par quelqu'un de mon âge… et même par quelqu'un tout court !

— Salut, les filles. Vous êtes les danseuses, c'est ça ?

Julie se fait notre porte-parole.

— Oui. Aujourd'hui, on est juste quatre, mais on sera six. Ariane et Chloé ne pouvaient pas venir.

Ça commence bien… Absentes dès la première répétition… Pascal ne va sûrement pas apprécier ! Mais non, il garde son calme :

— Ça ne fait rien. De toute façon, vous ne pourrez pas faire grand-chose aujourd'hui. Quand la musique sera prête, je vous donnerai une cassette.

Maintenant qu'il est plus près, qu'il discute avec nous comme une personne normale, il m'impressionne un peu moins. Je n'ai donc aucun mal à lui demander :

— Tu pourrais peut-être nous dire ce que tu veux ?

Moi qui croyais que Pascal Dumont vivait dans sa bulle et ne pensait qu'à lui-même, j'en prends pour mon rhume. Il a une façon de nous regarder quand on lui parle qui nous fait sentir très intéressante. Il me donne l'impression que rien au monde n'est plus important que ma question… plutôt banale, d'ailleurs.

— Oui, tu as raison… Clara, c'est ça ?

Je me sens rougir bêtement. D'accord, il a retenu mon prénom, et alors ? J'ai bien retenu le sien ! Heureusement, il ne remarque rien, tout absorbé par son scénario. Il tourne les pages en annotant les endroits où il veut de la danse et en précisant le genre de mouvement qu'il imagine pour la scène : saccadé ou gracieux, genre danse moderne ou ballet classique… Il a l'air de s'y connaître pas mal, ce qui est surprenant pour un garçon. À chaque page qu'il tourne, on dirait que sa voix s'anime un peu plus. À le voir aussi passionné par son projet, j'en oublie le côté sombre de l'histoire, et même le côté un peu froid de Pascal, et je commence à avoir sérieusement envie de m'y mettre.

Quand le téléphone sonne à dix-huit heures, le même soir, je sais que c'est Simon avant même de décrocher. Je compte les minutes depuis son dernier appel.

— Salut, Clara !

— Allô, Simon.

— Je t'aime.

Bang ! Comme ça, sans avertissement ! Évidemment, j'ai déjà entendu Simon me dire qu'il m'aime, mais pas en début de conversation. Habituellement, on attend d'être sur le point de raccrocher pour nous faire nos déclarations. Du coup, j'éclate en sanglots, pour faire changement ! Simon s'inquiète :

— Qu'est-ce qu'il y a ?

— Je m'ennuie ! Tu me manques tellement !

Il a une drôle de voix enrouée quand il reprend, après quelques secondes de silence :

— Moi aussi, je m'ennuie. Mais on va se voir dans une semaine et demie, à l'Action de Grâces. Tu te rappelles ?

Évidemment, je me rappelle ! Je barre les jours dans mon agenda. Mais ça me semble tellement loin !

Le reste de la conversation se passe à faire des projets pour la fameuse fin de semaine et à partager les potins. En fait, côté potins, c'est Simon qui fait tout le travail : les histoires qui circulent ici ne l'intéressent pas beaucoup, puisqu'il ne connaît personne à part moi.

Elles ne m'intéressent pas non plus ! Il me raconte donc les dernières aventures de la gang, les activités qui se déroulent à l'école et au village, les nouveaux couples qui se forment… Je m'ennuie tellement que dès que Simon a raccroché, je compose le numéro de Claudia. Tant pis si mes parents ne sont pas contents, c'est une urgence ! Malheureusement, elle n'est pas chez elle, et je me couche les yeux noyés et le cœur gros comme une montgolfière.

Chapitre 3

La fin de semaine de l'Action de Grâces ne s'est pas déroulée aussi bien que je l'espérais. Peut-être que je suis trop exigeante, ou peut-être aussi que j'ai changé… Plutôt que de m'avoir remonté le moral, ces trois jours m'ont laissée plus déprimée que jamais.

Ce n'est pas que Simon se soit montré moins amoureux. Au contraire, je l'ai trouvé encore plus empressé que d'habitude. Ce n'est pas non plus que nous ayons été gênés lors de nos retrouvailles, comme je l'avais craint. Dès que nos yeux se sont croisés, j'ai eu l'impression de revenir en arrière, comme si je n'étais jamais partie. Mais malgré notre complicité, malgré ma certitude que nous sommes encore parfaits l'un pour l'autre, je sais maintenant que ça ne pourra jamais être comme avant.

Je ne m'en suis pas aperçu tout de suite. Le vendredi soir a été magique. Nous étions seuls dans notre bulle et, loin des autres, j'ai retrouvé Simon. Ça s'est gâté le lendemain. Pas d'un seul coup, mais un peu sournoisement. Simon a commencé à me parler de ses matchs, de ses profs, et je me suis rendu compte de tout ce que j'ai manqué depuis mon départ. L'impression s'est renforcée quand nous avons rejoint la gang. Tout le monde était content de me voir et c'était réciproque, mais je n'arrivais pas à me défaire d'un certain trouble. Comme si je n'étais pas tout à fait la même et que je devais jouer la comédie pour que mes amis retrouvent la Clara qu'ils connaissaient, comme si je ne faisais plus vraiment partie de leur vie. En plus, il aurait fallu être aveugle pour ne pas remarquer la complicité entre Claudia et Virginie, une autre fille de la gang, assez gentille mais un peu fade. Je ne m'attendais pas à ce que Claudia devienne une solitaire et ne se confie plus à personne après mon départ, mais ça m'a fait quelque chose de voir que ma meilleure amie m'avait remplacée si vite. Elles semblaient s'entendre à merveille, peut-être même mieux que Claudia et moi, avant... Bref, tout le temps que j'ai passé avec ma gang, j'ai ressenti un malaise; léger, mais un malaise quand même. Quand j'ai repris l'autobus le lundi après-midi, il avait complètement disparu, mais je me demande s'il faudra recommencer le processus chaque fois...

Pour me changer les idées, j'ai décidé de me lancer à corps perdu dans la danse. En plus de mes deux cours par semaine, je répète tous les jours chez moi. Seule. Tout un changement pour une fille qui, comme moi, passait son temps en groupe... Honnêtement, je n'ai pas envie de me faire de nouveaux amis. Pour quoi faire ? Je n'ai que deux ans à vivre ici avant de partir pour le cégep. À quoi ça sert de nouer des liens s'il faut les défaire ensuite ?

Je suis en train de faire quelques étirements avant un cours de ballet-jazz, toute seule dans mon coin sans rien demander à personne, quand Julie s'amène. Elle choisit mal son moment.

— Salut, Clara !

— Salut.

Le manque d'enthousiasme est flagrant, mais Julie poursuit tout de même :

— Comment s'est passée ta fin de semaine ?

— Pas mal.

— Et Simon ?

— Quoi, Simon ?

Julie perd aussitôt son sourire.

— J'ai compris ! Si tu ne veux pas me parler, c'est correct, mais ça ne te donne pas le droit d'être bête avec moi !

Elle part sans me laisser le temps de répliquer. De toute façon, je n'aurais rien dit. Si j'ai envie d'être bête, ça me regarde !

Le lendemain, je suis déjà moins sûre de moi. Le surlendemain, je regrette franchement mon attitude envers Julie. C'est une chose de ne pas avoir envie de se faire des amis, c'en est une autre de se faire des ennemis !

Trois jours après mon accès de mauvaise humeur, je prends mon courage à deux mains et je rejoins Julie au salon étudiant après les cours. Elle est en grande conversation avec Ariane et Chloé, mais je n'attendrai pas qu'elles aient fini. J'ai trop peur que mon courage s'envole ! Je m'approche donc et lance :

— Julie, je peux te parler ?

Elle ne semble pas surprise. À mon grand soulagement, elle n'a pas l'air fâché non plus. Comme ces deux nouilles d'Ariane et Chloé ne semblent pas comprendre que je veux parler SEULE à Julie, cette dernière m'indique une table libre à l'autre bout de la pièce. Nous nous y rendons en silence. Ce n'est qu'en m'assoyant que je me jette à l'eau.

— Je voulais m'excuser, pour l'autre jour. Tu as raison, je n'avais pas le droit d'être bête avec toi.

— C'est correct. J'imagine qu'il a dû se passer quelque chose pour que tu aies les nerfs à vif comme ça, toi qui es toujours de bonne humeur…

J'éclate de rire.

— Tu me connais mal ! À mon ancienne école, j'avais la réputation de piquer des saintes colères.

Plus sérieusement, j'ajoute :

— Mais c'est vrai qu'il s'est passé quelque chose. Ma fin de semaine n'a pas été extraordinaire. J'ai l'impression d'avoir changé, de ne plus être sur la même longueur d'ondes que mes amis. On aurait dit que ce que je racontais ne les intéressait pas, et vice-versa. C'était subtil, mais je l'ai senti quand même.

— C'est peut-être mieux comme ça, non ?

Comme je fronce les sourcils, elle s'explique :

— Ce sera plus facile d'accepter ton déménagement si tu coupes les ponts, si tu repars à zéro...

— Je ne veux pas repartir à zéro !

« Je ne veux pas » : quatre mots que j'ai répétés tant de fois, depuis que mes parents m'ont annoncé notre déménagement, qu'ils ne veulent presque plus rien dire. J'ai appris bien malgré moi qu'on ne fait pas toujours ce qu'on veut dans la vie...

Julie préfère changer de sujet.

— Avec Simon, ça s'est mal passé aussi ?

— Non... Quand nous étions seuls tous les deux, c'était comme avant... presque. En tout cas, c'était mieux qu'avec les autres.

— Tu vois, ce n'était quand même pas dramatique !

Les paroles de Julie me remontent un peu le moral. Qu'est-ce qui m'a pris, aussi, de penser que je pourrais me passer d'amis ?

Nous retournons à la table où Ariane et Chloé ne semblent même pas avoir remarqué notre absence. Julie fouille dans son sac à dos et me tend une cassette.

— Tiens, Pascal m'a donné la cassette des chansons où il veut de la danse. Tu me diras ce que tu en penses.

Je n'hésite pas une seconde.

— Tu veux venir chez moi ? On pourrait commencer à travailler les chorégraphies… Ariane et Chloé aussi, vous pourriez venir !

Julie accepte avec enthousiasme. Ariane et Chloé refusent par un prétexte qui sonne faux. Elles disent qu'elles veulent étudier. Pourquoi ? Il n'y a aucun examen en vue et elles n'ont pas une réputation de bollées. De toute façon, je n'insiste pas. J'ai beau essayer, je n'arrive pas à les trouver sympathiques.

En chemin vers la maison, je pose à Julie une question qui me trotte dans la tête depuis un bon bout de temps :

— Julie, qu'est-ce que tu fais avec ces deux filles-là ? Je ne peux pas les sentir !

Elle soupire.

— Je te comprends. Moi aussi, j'ai de plus en plus de mal à les supporter. Ariane est ma cousine. On a toujours été amies. Mes parents m'ont beaucoup encouragée à passer du temps avec elle, surtout quand ses parents ont divorcé. Dans ce temps-là, elle était beaucoup plus sympathique que maintenant.

— Ça fait longtemps ?

— On avait neuf ou dix ans.

— Tu ne crois pas qu'elle a eu le temps de s'en remettre ?

— Oui, surtout maintenant que Chloé est dans le décor. Depuis un an, elles ne se lâchent plus !

— Alors, pourquoi tu restes avec elles ?

Julie hausse les épaules.

— Par habitude, je suppose. Et aussi parce que c'est plus difficile de se faire des nouveaux amis, à notre âge…

J'éclate de rire.

— Tu parles comme si on avait quatre-vingt-dix ans ! Mais je comprends. Depuis que j'ai déménagé, une seule personne a l'air de me considérer comme son amie, et c'est toi.

Au sourire que m'adresse Julie, je sais qu'elle pense la même chose que moi : que je lui conviens bien mieux, comme amie, qu'Ariane ou Chloé. Et elle me convient tout autant.

Quelques minutes plus tard, nous nous retrouvons assises sur mon lit. Julie me met en garde alors que je place la cassette dans mon lecteur.

— J'aime autant te prévenir : c'est assez spécial.

En effet, c'est assez spécial, et même très spécial. Ma grimace fait rire Julie.

— Je te l'avais dit !

— On ne réussira jamais à danser là-dessus !

— On n'a pas le choix ! Quand Pascal a une idée dans la tête…

En effet, comme metteur en scène borné, il semble qu'on ne fait pas mieux. Je me lève.

— Bon, aussi bien s'y mettre tout de suite… Je sens que ce ne sera pas facile !

De peine et de misère, nous avons réussi à monter trente secondes de chorégraphie. Trente secondes, ça n'a l'air de rien, mais c'est quand même beaucoup, en danse. Surtout avec une musique comme celle-là !

Je me pointe à la répétition suivante, même si les danseuses ne sont pas tenues d'y assister, puisqu'elle est réservée aux musiciens. Pascal est égal à lui-même, avec son chandail trop grand, sa queue de cheval, ses lunettes et son manque de tact. L'image même de l'artiste en pleine création. Cependant, son air de metteur en scène inébranlable ne m'empêchera pas de lui dire ce que je pense. Julie-la-douce ne s'en chargera sûrement pas et les autres danseuses semblent prendre le projet moins à cœur. Je me désigne donc porte-parole des danseuses.

— Pascal, je peux te parler deux minutes ?

— Oui, bien sûr.

Les musiciens et Alice (ou plutôt Annie, la fille qui joue le rôle) poursuivent la répétition pendant que je m'éloigne avec Pascal.

— On a commencé à travailler les chorégraphies, mais c'est très difficile.

— Oh, donnez-vous le temps ! Ce n'est pas urgent !

— Il faut quand même commencer à y penser, parce que nous sommes seulement deux pour les inventer et après, il va falloir les montrer aux autres...

— Vous allez y arriver, ne t'en fais pas.

Je n'aboutirai à rien si je ne m'y prends pas de façon plus directe.

— Écoute, Pascal, ce que j'essaie de te dire, c'est que la musique n'est pas idéale pour danser.

Le ton change immédiatement.

— On a travaillé fort pour arriver à un résultat. Il va falloir vous y habituer, parce qu'il n'est pas question qu'on recommence.

— Je ne te demande pas de recommencer, seulement de modifier un peu. Augmenter le tempo, changer le rythme, je ne sais pas, moi...

— Moi, je sais. Je sais que la musique est parfaite comme elle est !

Il est évident que pour lui, la discussion est terminée, mais il ne connaît pas Clara Dubé ! Je le retiens par une manche.

— Pascal, pour être franche, ta musique n'est absolument pas inspirante. Elle est déprimante ! On dirait la trame sonore d'un film d'horreur !

— Exactement. C'est ce que je viens de te dire : la musique est parfaite. Maintenant, excuse-moi, j'ai autre chose à faire.

Eh bien ! Clara Dubé vient de se faire clouer le bec...

— Allô, Simon !

— Clara ! Je ne m'attendais pas à te parler ce soir !

— Je te dérange ?

— Non, c'est juste que je croyais que tu téléphonerais demain...

— Je ne pourrai pas, j'ai une répétition pour la comédie musicale.

— De toute façon, j'ai un match de hockey demain.

Nouveau pincement au cœur. L'année dernière, j'ai assisté à tous les matches de Simon, sans exception. Cette fois, cependant, les larmes ne me montent pas aux yeux. Je m'endurcis...

— Je t'avais parlé de la comédie musicale ? On a commencé les chorégraphies. J'ai déjà vu mieux, mais j'ai déjà vu pire. Considérant la musique avec laquelle on travaille, je nous trouve bonnes !

Je continue sur ma lancée, même si je sens que Simon est plus ou moins intéressé par mes histoires. J'ai désespérément besoin de lui faire une place dans ma vie, de l'inclure dans mes projets, même s'il est loin, même si mes problèmes de danse semblent le dernier de ses soucis. La comédie musicale prend de plus en plus d'importance et je veux partager ma nouvelle passion avec lui.

Pourtant, alors que je raccroche, le fameux malaise qui m'avait assaillie la fin de semaine de l'Action de Grâces revient en force. Cette fois, cependant, ce n'est pas avec mes amis que je ne me sens pas sur la même longueur d'ondes. C'est Simon qui est en cause, et c'est beaucoup plus inquiétant.

Je n'ai jamais été aussi nerveuse de ma vie. En fait, je découvre le trac pour la première fois. J'ai toujours fait preuve d'une certaine assurance, et parfois aussi d'une certaine indifférence pour l'opinion d'autrui. Pourtant, aujourd'hui, à la simple idée que nous allons présenter notre première chorégraphie à Pascal, j'ai les genoux qui claquent. Simon ne m'a jamais fait sentir aussi vulnérable.

J'ai réussi à ne pas trop y penser pendant la journée, mais maintenant que nous nous trouvons devant lui, attendant la musique, je me sens comme si je venais de me lancer dans la fosse aux lions. Même Julie, habituellement si calme, se mord les lèvres. Quelqu'un peut-il m'expliquer pourquoi ce gars-là a un tel pouvoir d'intimidation ? S'il avait l'air d'un joueur de football ou d'un lutteur professionnel, je comprendrais, mais il ressemble plutôt à un intellectuel à lunettes… ce qu'il est, d'ailleurs… Je suis tellement nerveuse que je dis n'importe quoi !

De toute façon, je sais pourquoi Pascal met les nerfs de tout le monde à rude épreuve. Il a le don de nous faire sentir misérable et bon à rien avec un seul mot, un seul regard. Je ne sais pas comment il fait, mais ça marche, et n'importe qui ferait n'importe quoi pour ne pas lui déplaire.

Heureusement, la musique commence et j'oublie Pascal. Presque. Le problème, c'est que je sais qu'il me voit. Au début, nous étions neuf danseuses. Trois ont lâché après avoir lu le scénario, et deux autres quand elles ont entendu la musique. Il ne reste plus que Julie, Ariane, Chloé et moi. Quatre danseuses, ça ne fait pas une grosse troupe, et il n'y a pas moyen de se cacher un peu derrière une autre. Je réussis quand même à terminer la routine sans accrochage. À la fin, Pascal hoche la tête et lance :

— Bon, maintenant, je vais vous donner le nouveau scénario…

— Encore ?

Pascal ne réagit pas en entendant ma voix. Je crois qu'il commence à s'habituer à mes interventions.

— Oui, il y en a deux autres qui ont lâché.

Depuis le début, les participants ont diminué de moitié. À chaque nouvel abandon, Pascal modifie son scénario. C'est la troisième fois qu'il le réécrit, et pourtant, il le prend avec un calme surprenant. En fait, on dirait que ça le laisse indifférent. On ne peut pas en dire autant de moi ! Maintenant que notre première chorégraphie est terminée, je me sens pleine d'ambition. La seule pensée que le projet pourrait échouer à cause de la mauvaise volonté des autres me donne la chair de poule.

Heureusement, la chanteuse principale est encore là, elle. Elle entre dans l'amphithéâtre alors que Pascal finit sa distribution.

— Ah, salut, Annie. Tu arrives juste à temps. On va répéter la chanson d'ouverture avec les danseuses.

Nous prenons nos places à l'arrière-scène pendant qu'Annie se place devant.

— Non, pas comme ça. Vous êtes quatre danseuses… placez-vous deux en avant d'Annie, et une de chaque côté d'elle. Oui, c'est mieux. Maintenant, allons-y !

Si j'en avais le temps, je rirais de l'air d'Annie. Elle semble pétrifiée. Avec un peu d'imagination, je pourrais presque voir un petit filet de fumée lui sortir des oreilles. Mais comme les musiciens commencent leur intro, je l'oublie pour me concentrer sur mes mouvements.

Je m'efforce de ne pas regarder Pascal, de ne pas imaginer le visage sérieux et concentré qu'il prend lorsqu'il écoute les musiciens et les chanteurs. Habituellement, quand je danse, je ne pense à rien. Avec lui tout près, c'est impossible. Pourtant, il ne peut pas me jeter dehors, avec le peu de participants qu'il lui reste !

À la fin de la chanson, je risque un coup d'œil vers lui. Il a l'air satisfait... Comme si Pascal pouvait se montrer satisfait de quoi que ce soit ! Disons plutôt qu'il n'a pas l'air mécontent.

— C'est bon. On la garde comme ça, celle-là. On se revoit la semaine prochaine.

J'aurais aimé l'entendre nous féliciter. Un petit « Bravo, les filles, vous avez fait du beau travail ! » m'aurait donné un coup de pouce pour continuer avec la prochaine chanson. Ça ne lui aurait pas coûté cher. Ce sera pour une autre fois, peut-être... Pascal ne doit avoir aucune idée de l'énergie et du temps nécessaires pour monter une chorégraphie, surtout avec une de ses chansons.

Soudain, je ne suis plus certaine de vouloir faire ce spectacle. Je trouve difficile de travailler aussi fort sans recevoir aucun encouragement en retour. Si au moins le scénario était intéressant, si la musique me donnait envie de danser, je me ficherais de l'indifférence de Pascal. Malheureusement, le scénario me laisse complètement froide, et la musique encore plus. Ce n'est pas mon genre d'abandonner un projet, mais là, la situation est exceptionnelle.

Songeuse, je prends mon temps pour ramasser mes affaires. Julie, elle, part très vite ; ce soir, elle remplace une caissière au dépanneur de ses parents. Rien ne me retient pourtant ici... à part la curiosité. À l'autre bout de la salle, Annie et Pascal sont en grande conversation, et la discussion n'a pas l'air très amicale. Annie fait de grands gestes, Pascal tente visiblement de la calmer. Je ne comprends pas tout, mais je saisis quelques mots qui n'ont rien de tendre. Pascal finit par perdre patience.

— Parfait ! Si tu le prends comme ça, on continuera sans toi !

Ouf ! Ç'a l'air grave ! Annie passe devant moi et sort en claquant la porte. Pascal se laisse tomber sur un siège et se prend la tête entre les mains.

Depuis deux mois que je le connais, c'est la première fois que je le vois exprimer une émotion quelconque, même de façon non verbale. Je ne vais quand même pas le laisser seul dans cet état. En plus, avouons-le, j'aimerais savoir ce qui a bien pu se passer entre Annie et lui ?

— Pascal ? Est-ce que ça va ?

Il lève la tête. L'espace d'une seconde, j'ai l'impression qu'il se demande qui je suis. Puis il répond :

— Peut-être… Tu sais chanter ?

— Pardon ?

Je me demande s'il a perdu la raison. Il soupire.

— Il va falloir trouver une autre Alice. Annie ne veut plus rien savoir. Je te verrais bien dans le rôle…

Les jambes molles, je m'assois à côté de lui.

— Mais je danse…

— Je ne vois personne d'autre. Toutes les autres chanteuses ont abandonné. J'ai remplacé la Duchesse par un Duc, mais je ne peux quand même pas mettre un Alain à la place d'Alice !

Je souris malgré moi.

— Ce n'est pas drôle !

Je reprends aussitôt mon sérieux.

— Tu as raison. Je ne savais pas que c'était rendu aussi grave. Je croyais qu'il restait encore deux ou trois chanteuses…

— Non, elles ont toutes lâché l'une après l'autre. Tant pis pour elles. Si tu savais comment ça me tombe sur les nerfs, les gens qui n'ont pas de colonne vertébrale… Qui paniquent à la moindre difficulté… Une chance qu'Annie est partie, sinon, j'aurais pu l'étrangler !

— Je ne t'aurais pas laissé faire. Qu'est-ce qu'on serait devenus sans metteur en scène ?

Est-ce que je rêve ? Je croirais voir un début de sourire au coin de ses lèvres… Je tente une chance de satisfaire ma curiosité :

— Je peux savoir pourquoi Annie a lâché ?

— Oh, tu dois t'en douter… Elle m'a fait une petite crise de vedette du genre « Si je ne suis pas en avant, j'aime autant ne pas faire le spectacle ! » Elle aurait voulu que je vous laisse en arrière, où personne ne vous aurait vues !

— Ça ne nous insulterait pas, tu sais. En fait, on croyait justement que ça se passerait comme ça.

— Je ne changerai pas d'idée. Dans une comédie musicale, la danse est aussi importante que la musique. Sinon, autant rester chez soi à écouter un disque !

Plutôt surprenant ! Habituellement, les gens (et surtout les gars) n'accordent pas une très grosse place à la danse ! Je risque un autre commentaire :

— Il y a autre chose que les gens n'aiment pas dans ta comédie musicale : c'est très, très sombre… Surtout la fin ! Dans la vraie histoire, Alice ne meurt pas !

Pascal hausse les épaules avec l'air de dire qu'il n'y peut rien. Je poursuis :

— Tu pourrais modifier certaines choses… Changer la dernière scène, pour que ça finisse bien, et rendre certains personnages plus sympathiques… On dirait qu'ils en veulent tous à Alice !

— Tout le monde n'est pas sympathique, dans la vie, et ça ne finit pas toujours bien non plus !

— Mais…

— Je te l'ai dit : si je ne peux pas faire une comédie musicale à mon goût, je n'en ferai pas du tout.

Il me regarde soudain d'un air suspicieux.

— Tu n'aurais pas l'intention d'abandonner toi aussi, par hasard ?

Je n'irai quand même pas lui avouer que j'y songeais il y a cinq minutes ! D'un ton peut-être un peu trop énergique, je proteste :

— Absolument pas ! J'essaie juste de trouver des moyens pour que ça marche ! Tant que tu seras là, je continuerai… même s'il ne restait que nous deux !

Ouf ! Je viens de m'engager pour de bon ! Cette fois, un vrai sourire apparaît sur le visage de Pascal. J'en suis toute chamboulée. Venant d'un gars qui a toujours l'air distant, et même austère, un sourire fait quand même son petit effet.

— Alors, ce rôle d'Alice, tu le veux ?

J'ouvre la bouche pour répondre, mais aucun son ne sort. Je ne croyais pas qu'il était sérieux, tantôt, et voilà qu'il remet ça sur le tapis… J'ai soudain une énorme pression sur les épaules. Il n'est pas question que je devienne Alice.

— Désolée de te décevoir, mais je ne sais pas chanter.

— Essaie, au moins !

— Non, je te jure ! Si je chante à ton spectacle, la salle se vide en deux secondes et demie, c'est certain !

— Je veux juste t'entendre un peu. Je vais mettre la cassette.

— Pascal…

— Je ne te lâcherai pas tant que je ne t'aurai pas entendue. Autant t'y mettre tout de suite. J'ai la tête dure.

Je n'en doute pas une seconde.

La musique commence. Je me lève. Je chante… ou plutôt, je brame, je grince, je croasse ! Pascal arrête la cassette au bout du premier couplet.

— Bon, d'accord, c'est vrai que tu ne peux pas jouer Alice.

— Je te l'avais dit !

J'ai le rouge aux joues et le cœur qui bat la chamade. Je n'ai jamais fait grand cas de mon incapacité à chanter, mais personne n'aime se tourner en ridicule !

— Excuse-moi. J'aurais dû te croire, je n'aurais pas dû te pousser. Excuse-moi.

Deux excuses, et presque du même souffle ! Ça alors ! Quand je vais raconter ça à Julie…

Et pourquoi est-ce que je le lui raconterais ? Pascal a vraiment l'air embarrassé. Je n'irai pas l'humilier encore plus en racontant ses déboires…

— Ça va, on n'en parle plus, d'accord ?

J'ai droit à mon deuxième sourire. Décidément, c'est mon jour de chance ! Avant de sortir de l'amphithéâtre, je suggère à Pascal :

— Tu demanderas à Julie, pour Alice. Je crois qu'elle chante assez bien. De toute façon, elle ne pourra pas faire pire que moi !

— Bonne idée. Dis-moi, Clara… Tu étais sérieuse quand tu disais que tu resterais même si on n'était que nous deux ?

— Absolument.

— Tant mieux, parce que j'ai l'impression que c'est ce qui s'en vient.

Je lève la main pour lui montrer mes doigts croisés, comme pour conjurer le mauvais sort.

Le lendemain en fin d'après-midi, après les cours, je me prépare à partir avec Julie pour aller terminer nos devoirs au plus vite et, si possible, travailler un peu les chorégraphies, quand j'aperçois Pascal qui se dirige vers nous. J'imagine qu'il vient proposer le rôle d'Alice à Julie…

— Clara, je peux te parler?

Julie en reste bouche bée. Moi aussi, d'ailleurs.

— Oui, d'accord…

Julie retrouve sa voix et m'annonce qu'elle va m'attendre chez elle. Je me retrouve donc en tête-à-tête avec Pascal, pour la deuxième fois en deux jours. Il parle d'une voix excitée:

— Je n'ai pas arrêté de penser à toi depuis hier.

En d'autres circonstances, je serais flattée, mais j'ai déjà un chum et, en plus, j'imagine mal Pascal penser à moi de façon sentimentale.

— Je veux que tu prennes le rôle d'Alice.

Voilà, qu'est-ce que je disais… Je commence à protester:

— Pascal, tu m'as entendue hier, tu sais que je ne peux pas…

— Je sais, oui. J'ai pensé à quelque chose : au lieu de chanter les textes, tu les réciterais !

— Comme du rap ? Je ne connais rien là-dedans !

— Non, pas comme du rap, comme du théâtre, avec de la musique comme fond sonore !

J'hésite. En fait, ce n'est pas vraiment une hésitation : je sais très bien que je ne veux pas être Alice, je me demande seulement comment le faire avaler à Pascal. Il a l'air tellement convaincu de tenir l'idée du siècle !

— Pourquoi tu ne demandes pas à Julie ? Elle pourrait chanter, elle, ce serait moins compliqué...

— Mais c'est toi que je veux ! Même si Annie revenait, je te choisirais quand même, toi !

— Pourquoi ? JE NE SAIS PAS CHANTER ! Tu vas te retrouver avec une comédie musicale sans chanson ! Ça n'a aucun sens !

— On appellera ça du théâtre musical, ou autre chose, je m'en fous. Et il y a les autres personnages qui vont chanter. Avec toi, Alice aura l'air vrai, elle sera passionnée, vivante...

— Vivante mon œil, tu la fais mourir à la fin…

— Oui, et ce sera encore plus intense si c'est toi qui la joues !

— Mais je veux danser, moi !

— Tu danseras ! Tu auras plein de solos !

Je pourrais continuer longtemps comme ça. Pour ce qui est d'argumenter, je ne donne pas ma place ; Simon en sait quelque chose et Julie commence à s'en rendre compte. Pourtant, j'ai trouvé plus fort que moi. Il est évident que je ne gagnerai pas, cette fois. Pascal va réussir à détruire mes arguments un à un.

— Bon, d'accord, si tu y tiens à ce point…

— Super ! Tu vas voir, je vais faire de toi une vedette !

Qui a dit que je voulais devenir une vedette ? Pascal disparaît avant que j'aie le temps de protester.

Julie n'en revient pas.

— Pascal n'a jamais accordé la moindre attention aux filles, et tout à coup, il se met presque à genoux devant toi !

— Eh, du calme ! Il ne s'est pas mis à genoux, et c'était juste pour sa comédie musicale… Il ne m'a pas demandée en mariage !

— Quand même, c'est déjà quelque chose !

Julie réfléchit quelques secondes, puis elle reprend :

— Tu sais, à propos de la rumeur sur Pascal...

— Laquelle ?

— Qu'il serait homosexuel...

Je hausse les épaules. Je ne crois pas à cette rumeur, et d'ailleurs, quelle importance ? Qu'est-ce que ça changerait dans ma vie que Pascal soit homosexuel ? J'encourage tout de même mon amie à continuer :

— Quoi, la rumeur ?

— Je crois que Karine Deschênes l'a inventée pour se venger.

— Pascal est au courant ?

— Je crois que oui. Mais il fait comme si de rien n'était. C'est un drôle de gars.

Je ne la contredirai pas là-dessus.

Nous continuons à parler de Pascal, de la comédie musicale, de Simon qui doit venir passer une fin de semaine avec moi (dans dix jours !), de nos cours de ballet-jazz... Quand je quitte Julie, nous n'avons pas avancé d'un pas dans nos devoirs, et encore moins dans nos chorégraphies. Pourtant, je n'ai pas l'impression d'avoir perdu mon temps. Au contraire... Je me rapproche de Julie, et une amie, ça vaut plus qu'une comédie musicale !

J'en suis à ma troisième répétition dans la peau d'Alice. Malgré tous mes efforts, malgré les directives de Pascal, je n'arrive pas vraiment à entrer dans le rôle. Surtout aujourd'hui... La pièce est sombre, déprimante au possible, alors que je me sens fébrile et pleine d'énergie : Simon arrive ce soir ! Avec la fin d'étape, nous avons congé demain et lundi. Je vais passer quatre jours avec mon amoureux ! Pascal a remarqué que je ne suis pas dans un état idéal pour jouer son Alice. Nous venons de reprendre une pièce (je n'ose plus appeler ça des chansons) pour la cinquième fois et tout le monde est sur le point d'étrangler Pascal. Tout le monde, sauf moi.

D'abord parce que la pensée que Simon sera avec moi dans quelques heures me permettrait de supporter n'importe quoi. Ensuite parce que j'aime l'exigence et le perfectionnisme de Pascal. Oui, c'est difficile de travailler avec lui parce qu'il n'a jamais l'air content. Oui, j'aurais parfois envie de lui crier qu'il n'a qu'à la jouer lui-même, son Alice dépressive et chialeuse, s'il ne me trouve pas à son goût. Oui, il m'arrive de me demander comment je vais pouvoir tenir jusqu'à la fin... Je ne me demande plus si je veux rester ou non. Pascal me pousse à mes limites, et au-delà ; je n'ai jamais rêvé d'être comédienne et je me découvre des talents insoupçonnés. Et l'expression de Pascal, les rares fois où nous réussissons une pièce à son goût, vaut amplement tous les efforts que nous y mettons.

Je me sens de plus en plus à l'aise avec lui. Plus le temps passe, plus j'ose lui dire ma façon de penser, même si ça ne fait pas toujours son affaire. Il reste le patron, mais pas incontesté ! Quand il me regarde avec l'air de vouloir me mettre à la porte, je me tais ; le reste du temps, je ne me gêne pas. D'accord, je ne lui rends pas la vie facile, mais c'est réciproque ! Il ne tient jamais compte de mon opinion ; au contraire, s'il le pouvait, il ferait tout le contraire. Je gagerais qu'il n'existe pas un seul gars au monde plus borné que lui ! Heureusement, j'aime les défis. Je ne vis que pour le jour où Pascal admettra que j'ai raison, ne serait-ce que sur le plus petit détail. Donc, malgré mon incapacité à jouer Alice de façon satisfaisante, je trouve les répétitions passionnantes. Je plains les élèves qui ont lâché. Si on me disait que ce projet tombe à l'eau, j'en ferais une dépression.

D'ailleurs, il me faudrait peut-être une dépression pour satisfaire Pascal ! Dans son esprit, Alice doit vraiment être au bout du rouleau, au creux de la vague, sur le bord du suicide ou presque... Je finis par laisser échapper :

— Tu ne trouves pas que tu en mets un peu trop ?

— Non. Je veux que le public sente vraiment la détresse d'Alice.

— Ça, pas de problème. On ferait la moitié de ce que tu dis et tout le monde saurait qu'elle a des problèmes. Le public n'est pas fou !

— Si tu n'es pas contente, reste chez vous !

Je connais assez Pascal, maintenant, pour savoir qu'il est sérieux quand il dit qu'il préférerait ne pas faire sa comédie musicale plutôt que la modifier contre son gré. Alors, je ravale mes commentaires et je récite mon texte pour la sixième fois. En voyant l'air découragé de Pascal, je lance rapidement :

— Je suis désolée, mais on aurait beau répéter le même morceau vingt fois, je ne l'aurai jamais. Pas aujourd'hui. Mon chum arrive dans deux heures et la dernière chose que j'ai envie de faire, c'est de gémir et de me lamenter sur mon sort !

Pascal me regarde d'un drôle d'air. Évidemment, personne n'aurait imaginé qu'Alice, avec une personnalité aussi froide et antipathique, pourrait avoir un chum ! Pascal soupire :

— Tu aurais dû le dire avant, on n'aurait pas perdu notre temps… Bon, alors à mardi, tout le monde.

Je suis la première à sortir de l'amphithéâtre.

Deux heures plus tard, j'attends au terminus en tournant en rond. Je n'ai jamais trouvé le temps aussi long. Finalement, l'autobus arrive et je me précipite dehors.

Il y a beaucoup de passagers, mais Simon tranche nettement sur les autres. Avec sa carrure d'athlète et son visage de vedette de cinéma, je me demande comment il réussit à tenir les filles à distance. Ce n'est pas que je doute de sa fidélité, au contraire : Simon est l'honnêteté et la franchise personnifiées. Tout ça dans le même gars… Je ne sais pas si je devrais exploser de fierté à l'idée que c'est moi, et pas une autre, qu'il a choisie, ou me jeter à genoux et remercier le ciel de ma bonne fortune. Est-ce que son amour pour moi est dû à ma personnalité ou à la chance ?

Je ne me pose pas longtemps la question. Simon vient de m'apercevoir. Il me sourit et se précipite vers moi. Quelques secondes plus tard, je suis dans ses bras et j'oublie tout le reste : mes questionnements, Alice, la comédie musicale, Pascal… et même mon propre prénom !

Chapitre 4

Le mardi matin, je suis encore sur un nuage. J'ai le cœur, la tête et les bras pleins de Simon. Si la visite que je lui ai faite avait semé des doutes dans mon esprit, les quatre jours que nous venons de passer ensemble les ont complètement effacés. En fait, je suis tellement rassurée que je n'ai presque pas pleuré quand il est parti hier. Il ne reste qu'un mois et demi avant les vacances de Noël et nos parents ont accepté que nous les passions ensemble. J'irai une semaine chez Simon, il viendra une semaine ici. Quatorze jours de bonheur total !

Julie sourit en me voyant entrer dans la classe. Je m'assois au pupitre derrière le sien.

J'ai la nette impression qu'elle se moque de moi.

— Quoi ? Pourquoi tu me regardes comme ça ?

— Tu ne t'es pas vu l'air ! On dirait que tu as gagné le gros lot, ou quelque chose du genre...

— C'est un peu ça, non ? Maintenant que tu connais Simon, tu dois admettre que c'est quelqu'un !

Hier matin, partagée entre le désir de rester dans ma bulle avec mon amoureux et celui de le présenter à mon amie, j'ai choisi la deuxième option. Je voulais que Julie puisse mettre un visage sur le prénom qui revient si souvent dans nos conversations. Elle cesse de sourire et prend un air bizarre.

— Je ne sais pas, Clara... Je ne l'imaginais pas comme ça. D'accord, il est super beau, super gentil, mais... c'est tout.

Sa réaction me surprend.

— C'est tout ? C'est déjà beaucoup, non ? Qu'est-ce que tu voudrais de plus ?

Elle hausse les épaules, hésite.

— Je ne sais pas... Je m'attendais à ce qu'il soit moins... ou plus...

— C'est clair !

— Non, ce n'est pas clair ! Je sais bien que ce n'est pas clair, moi-même je ne comprends pas ce que je veux dire ! Je trouve juste que Simon est un peu… ennuyant.

ENNUYANT ? Simon, ennuyant ? J'explose :

— Comment peux-tu dire ça ? Tu ne le connais même pas !

— C'est vrai. Mais pendant le temps que j'ai passé avec vous deux, il ne m'a pas impressionnée.

La rage me coupe presque la parole.

— Eh bien, je comprends que tu sois célibataire ! Si même Simon ne t'impressionne pas, j'ai hâte de voir qui va répondre à tes critères !

— Mes critères, comme tu dis, ne sont pas très compliqués : je veux un gars qui a des rêves, des passions, que je vais pouvoir découvrir longtemps, pas quelqu'un que je vais avoir l'impression de connaître de fond en comble au bout d'un après-midi !

— Ah, parce que tu penses que tu connais Simon à ce point-là ?

Julie perd finalement patience, elle aussi. Tiens, elle est moins parfaite qu'elle n'en a l'air !

— Je vais te résumer ce que j'ai appris de lui, hier. Il aime le soccer, le basket et le hockey. Il a gagné plusieurs trophées et médailles, mais il n'a pas l'intention d'aller plus loin de ce côté-là. Il veut plutôt étudier en technique de loisirs et travailler dans une grande ville. Son mets préféré est la pizza pepperoni-fromage. Son genre de film préféré : les films d'action, surtout américains. Il adore le rock et déteste le country. À part ça… ah oui, il rêve du jour où il pourra s'acheter une voiture sport rouge. Ça te va comme description ? As-tu quelque chose à ajouter ?

Je me rends compte, avec un début de panique, que Julie vient de faire le tour de ce que je sais de Simon. La gorge serrée, je bredouille :

— Tu es jalouse, c'est tout.

Je prends mes affaires et déménage à l'autre bout du local.

Je n'en ai jamais autant voulu à quelqu'un. Moi qui croyais Julie mon amie ! Qui étais si fière de lui présenter Simon ! Elle vient de ruiner complètement la magie de ma fin de semaine. Elle a réduit à néant ma belle assurance. Jusqu'à présent, ma seule incertitude était de savoir si ma relation avec Simon allait survivre à la distance. Jamais, au grand jamais, je ne me suis questionnée sur notre relation elle-même. Julie a semé un doute dans mon esprit et je lui en voudrai pour le reste de mes jours.

Le pire, c'est qu'elle a raison. Après un an et demi, je connais Simon comme le fond de ma poche. Il m'arrive même de finir ses phrases… Et alors ? Qu'est-ce qu'il y a de mal à ça ? Pourquoi devrais-je me compliquer la vie en cherchant un gars secret, complexe, mystérieux ? Je suis déjà assez compliquée moi-même !

Justement… Je me rends compte à quel point nous sommes différents. Simon a tendance à prendre la vie à la légère, alors que je me passionne pour ce que je fais, même pour la chose la plus insignifiante… ce qui n'est pas de tout repos ! Ça rend la vie plus difficile, mais aussi tellement plus intéressante ! Au contact de Simon, qui va influencer l'autre ? Est-ce que je vais le rendre plus passionné, ou va-t-il me calmer ? Je n'ai pas envie de me calmer ! D'un autre côté, s'il change, il ne sera plus le Simon que je connais ; est-ce que je l'aimerai autant ?

J'ai l'impression que le monde s'écroule autour de moi. Peut-être pas le monde entier, mais au moins l'univers dans lequel je vivais avant de déménager. Déjà que les ponts sont presque complètement coupés avec Claudia, je n'avais pas besoin d'avoir des doutes au sujet de Simon en plus... Ma meilleure amie ne m'écrit plus, on se téléphone de moins en moins souvent, et le pire, c'est que je n'ai pas vraiment envie que ça change. Je n'ai plus rien à lui dire. Est-ce que la même chose m'attend avec Simon ?

J'en ai assez de me poser des questions. La tête me tourne. De toute façon, si Simon était là, ce serait différent. C'est son absence qui me rend insécure. Est-ce que je m'en suis posé, des questions, en fin de semaine ? Ben voyons donc ! Et je ne m'en poserai pas plus quand je le reverrai à Noël ! Ce jour-là me semble maintenant à des années-lumière.

Aujourd'hui, je n'aurai aucun mal à jouer Alice. Pascal sera content !

J'arrive en retard à la répétition, certaine que les autres auront commencé sans moi. Pascal n'est pas du genre à attendre quelqu'un. Pourtant, quand je pousse la porte de l'amphithéâtre, un silence lourd m'accueille.

Pascal me regarde avancer avec un air de condamné à mort. D'une toute petite voix, je commence :

— Je ne suis quand même pas tellement en retard…

— Éric et Nicolas ont lâché.

La voix de Pascal ! On dirait qu'il voudrait les étrangler. Je le comprends ! Éric et Nicolas, les deux derniers chanteurs, juraient qu'ils poursuivraient jusqu'à la fin et que rien ne les ferait changer d'idée. Ça m'a tout l'air qu'ils ont changé d'idée.

Je reste plantée là à attendre la suite. Comme rien ne vient, je me risque à demander :

— Qu'est-ce qu'on fait ?

Pascal me regarde comme si j'étais une espèce de magicienne qui pouvait tout régler d'un coup de baguette. Je hausse les épaules. Il prend une grande respiration puis lance :

— On continue. On s'adapte. On a modifié le scénario deux mille fois, on peut bien le changer encore un peu… Quoi ? Qu'est-ce qui se passe ?

Il a crié la question si fort, avec tellement d'impatience, que je sursaute. Dans le fond de la pièce, Ariane et Chloé prennent un air coupable. Pascal continue en s'adressant à elles :

— Qu'est-ce que vous avez à vous regarder comme ça ?

Chloé se racle la gorge puis répond nerveusement :

— S'il n'y a pas plus de monde que ça, on n'est plus vraiment intéressées...

Oh, je les déteste ! Je n'ai jamais eu autant envie de finir cette comédie musicale, d'en faire un mégasuccès, qu'en ce moment. Juste pour les faire chier ! Pascal a l'air sur le point d'exploser. Il serre les dents tellement fort qu'on voit jouer les muscles de ses mâchoires. Ariane et Chloé se font toutes petites. Pascal ouvre la bouche, la referme, puis leur indique la porte d'un geste de la tête. Ariane et Chloé s'enfuient sans demander leur reste.

Une fois la porte refermée, Pascal se métamorphose complètement. Il a l'air démoli. Moi qui l'ai toujours trouvé si droit, si impressionnant, j'ai maintenant l'impression qu'on lui a retiré sa colonne vertébrale. Il sort bientôt lui aussi, d'un pas lourd.

Je regarde autour de moi. Il n'y a plus que Julie, Alain (le claviériste), Jean-François (le guitariste) et moi. C'est tout ce qui reste de la glorieuse équipe d'*Alice au Pays des Merveilles*.

Je pleure, je pleure, je ne peux plus m'arrêter. C'est vrai que quand je commence, je ne fais pas semblant. Depuis que j'ai mis le pied dans la maison, en revenant de notre répétition avortée, mes pensées noires apportent de l'eau au moulin : quand je réussis à me calmer au sujet de la comédie musicale, mes questionnements au sujet de Simon prennent la relève... Ça n'arrêtera donc jamais ?

Je viens à peine de finir de souper (quelques bouchées avalées de peine et de misère, plus pour faire plaisir à mes parents que par appétit), que le téléphone sonne. Si c'est Simon, je ne réponds pas. Dans l'état où je suis, je le ferais paniquer. Je regarde l'afficheur. Comme le numéro ne me dit rien, je décroche.

— Allô !

— Clara ?

La voix est vaguement familière, pas assez cependant pour que je reconnaisse son propriétaire.

— C'est Pascal.

Avoir su… Ce n'est pas beaucoup mieux que Simon !

— Comment as-tu eu mon numéro ?

— J'ai demandé à Julie.

Oh, elle ! Elle peut bien l'oublier, mon numéro ! Ma curiosité est piquée. Pascal demande mon numéro à Julie, me téléphone pour la première fois alors que nous passons plusieurs heures par semaine ensemble… Si Karine Deschênes savait ça ! Pour un peu, je me sentirais flattée. Avant de m'enfler la tête, je devrais lui demander ce qu'il veut !

— Qu'est-ce qu'il y a ?

— Je vais laisser tomber la comédie musicale.

— Qu'est-ce que tu veux dire ?

— On arrête tout. Ça ne vaut plus la peine de continuer, avec une équipe de cinq personnes…

Ah, c'est ce qu'il croit ? Et il pense que je vais accepter une pareille nouvelle sans rien dire ? Il devra me passer sur le corps avant !

— Où es-tu ?

— Pardon ?

— Où es-tu ? À l'école, chez toi, chez ta grand-mère…

— Chez moi.

— Donne-moi l'adresse.

— Qu'est-ce que…

— Arrête de poser des questions et donne-moi ton adresse !

Je la note rageusement, avec son explication du trajet, sur un bout de papier. Je suis tellement énervée que je dois la recopier plus soigneusement après avoir raccroché. En me voyant enfiler mes bottes, mon père me demande :

— Tu sors ?

— Oui, je vais chez un ami.

— Tu veux que je t'emmène ?

Moi qui l'ai accusé de tous les défauts du monde quand il m'a annoncé notre déménagement, je serais prête à le béatifier sur-le-champ.

Je bouillonne de rage. Je prends à peine le temps de sonner à la porte et j'entre comme une tornade. Pascal est assis à la table de la cuisine devant un livre de maths. La porte n'est même pas encore tout à fait fermée quand je commence mon discours.

— Pascal Dumont, si tu penses que je vais te laisser faire, tu te mets le doigt dans l'œil jusqu'au coude ! D'accord, le trois quarts de ton monde a lâché, mais as-tu pensé à ceux qui restent ? À Alain et Jean-François, qui travaillent comme des malades pour ta musique ? À Julie, qui sue sang et eau pour monter tes chorégraphies, et qui a dit qu'elle resterait même si Ariane et Chloé ne dansent plus avec elle ? Et moi ! As-tu pensé à moi ? Je ne voulais rien savoir de jouer Alice, et j'ai accepté pour te faire plaisir, pour qu'on puisse continuer ! J'aurais cent fois mieux aimé danser avec les autres, mais je n'ai pas pensé à ce que je préférais : j'ai pensé à ce qui serait le mieux pour tout le monde ! Et tu viens me dire que tu rejettes tout ça ? IL N'EN EST PAS QUESTION !

Comme il faut bien que je reprenne mon souffle à un moment ou à un autre, je m'arrête quelques secondes. Pascal n'a pas bougé. Il me regarde avec un mélange d'étonnement, d'énervement et… d'admiration, je dirais. Derrière le comptoir de la cuisine, un mouvement attire mon attention. Une femme s'approche, me sourit et me tend la main.

— Bonjour ! Je suis la mère de Pascal.

— Clara.

— Ravie de faire ta connaissance, Clara.

Elle a effectivement l'air enchantée de me voir. Pourtant, je sais exactement de quoi j'ai l'air quand je me mets en colère : d'un chat sauvage qui aurait mis la patte sur un fil électrique. Elle poursuit :

— Je commençais à désespérer de voir Pascal inviter des amis à la maison. Surtout une belle fille comme toi !

J'ai la surprise de ma vie en voyant Pascal rougir jusqu'à la racine des cheveux. J'en oublie presque ma colère contre lui. D'un ton exaspéré, il précise :

— Maman ! Franchement ! Je te ferai remarquer qu'elle s'est invitée toute seule. Et en plus, elle n'est pas si belle que ça !

Oh ! Je voudrais le gifler, le mordre, le griffer. En ce moment, mon apparence est le dernier de mes soucis, mais quand même ! J'ai ma fierté ! Il aurait au moins pu attendre que je sois partie avant de faire ses commentaires !

J'ouvre la bouche pour entamer une autre tirade enflammée. Avant que j'aie pu prononcer un mot, Pascal se lève et me prend fermement le bras.

— Pas ici, Clara. Je crois que ma mère en a assez entendu. Je sais que tu t'en fous, mais moi, je n'ai pas envie de me faire humilier en public !

Il m'entraîne presque malgré moi au sous-sol, dans une pièce qui ressemble à un bureau de travail. Il ferme la porte.

— D'accord, tu peux y aller.

C'est bien la première fois que quelqu'un me donne la permission de l'insulter ! En d'autres circonstances, j'aurais ri, mais là…

— Premièrement, je voudrais te faire remarquer que ce n'était pas très poli de ta part de dire que je ne suis pas belle, surtout devant moi. Deuxièmement…

— Je n'ai pas dit que tu n'étais pas belle, j'ai dit que tu n'es pas SI belle que ça. C'est différent !

— Laisse-moi parler, veux-tu ! De toute façon, ça n'a aucune importance ! Je suis venue te parler…

— M'engueuler, tu veux dire.

Il a presque l'air de s'amuser, le monstre. Une ombre de sourire flotte au coin de ses lèvres. Je crie :

— Arrête de m'interrompre tout le temps ! Oui, je suis venue t'engueuler, et plus ça va, plus j'ai des raisons de le faire ! Tu crois que tu peux contrôler tout le monde, que tu peux adapter toutes les situations selon tes goûts, mais j'ai des petites nouvelles pour toi ! C'est nous qui devons nous adapter à la vie, pas le contraire !

Il devient tout à coup très sérieux. Je ne croyais pas que mes paroles auraient un tel impact. Je poursuis, de plus en plus furieuse :

— Au lieu de regarder ceux qui sont partis, regarde ceux qui restent. On peut réussir ! Je travaillerai plus fort s'il le faut, mais je veux me rendre au bout ! Peut-être qu'il n'y aura personne à notre spectacle, ou que les gens viendront et n'aimeront pas ça, et alors ? Ce serait toujours mieux que d'abandonner maintenant et de passer le reste de notre vie à nous demander si ça aurait marché !

De façon tout à fait inattendue, les paroles de Julie, au sujet de Simon, me reviennent en tête. J'ajoute :

— Tu as la chance d'avoir des rêves et, surtout, une occasion de les réaliser. Tu as beau être exigeant, insupportable et borné, quand tu crois en quelque chose, tu réussis à convaincre les autres ! En tout cas, moi, tu m'as convaincue, et je ne te pardonnerai jamais si…

Je dois m'arrêter là. Pas parce que je n'ai rien à dire. Au contraire, je pourrais continuer toute la nuit, mais c'est difficile de parler quand quelqu'un nous embrasse à pleine bouche.

Pour le romantisme, on repassera. Embrasser une fille qui vient de nous traiter d'insupportable et de borné n'est peut-être pas l'idéal. En plus, Pascal m'a agrippé la tête tellement fort que j'ai l'impression que je vais avoir mal au cou pendant deux jours. Et ses doigts tirent mes cheveux. Disons que de ce côté-là, sa technique n'est pas tellement au point... Par contre, pour ce qui est de l'intensité, Pascal n'a de leçon à recevoir de personne. Il pourrait même en donner ! Je vois ça d'ici : « Comment embrasser une fille pour qu'elle se sente la plus importante et la plus désirable de l'univers. » Parce que c'est exactement l'impression qu'il me donne.

Je crois que Pascal ne connaît qu'une façon de faire les choses : avec passion. Il m'embrasse comme il dirige sa comédie musicale, en y mettant toute sa concentration et toute son énergie. Le résultat est à peu près le même : depuis le début, je le trouve excellent comme metteur en scène ; maintenant, je pourrais ajouter qu'il sait se montrer très convaincant quand il décide d'embrasser une fille... Jamais Simon n'a mis autant de ferveur dans ses baisers. Jamais je n'ai eu envie qu'il me serre contre lui à m'étouffer comme j'aurais envie que Pascal le fasse. Moi qui croyais vivre une relation passionnée avec Simon, je me rends compte qu'elle est plutôt tiède.

Je ferme les yeux, prête à oublier mon amoureux. Les mains de Pascal s'adoucissent, ses lèvres aussi. Ma bouche s'entrouvre presque malgré moi. Soudain, Pascal se dégage, aussi brusquement qu'il s'est jeté sur moi. Heureusement. J'ai failli faire une bêtise monumentale.

Nous nous regardons dans les yeux, en silence, pendant une éternité. Je me demande si mon regard est aussi affolé que celui de Pascal, si son cœur cogne aussi fort que le mien. Sans un mot, complètement sonnée, je sors de la pièce, puis de la maison.

Je me demande depuis combien de temps je marche comme ça, sans but. Tout ce que je sais se résume à deux choses : il fait froid, et je suis de plus en plus mêlée. Une mouche qui se prend dans une toile d'araignée doit se sentir à peu près comme moi en ce moment.

Je suis sortie avec un simple chandail de laine, trop occupée par ma colère pour penser à des choses aussi terre à terre que le temps.

En plein mois de juillet, ça aurait pu passer ; en novembre, c'est une autre histoire. Je commence à geler sérieusement. Si le froid pouvait aussi me geler le cerveau, ce ne serait pas de trop.

Je marche vers ma maison en grelottant et en maudissant Pascal. C'est sa faute si je me retrouve dehors à claquer des dents. Il commence par m'énerver, puis il m'embrasse. Quelle idée ! Il sait qu'on se ressemble trop pour que ça marche entre nous. On passerait notre temps à se disputer. Et il connaît l'existence de Simon ! J'ai toujours méprisé les gens qui brisent les couples. Pourtant, j'ai beau essayer, je n'arrive pas à détester Pascal.

Brr ! Comment vais-je survivre jusque chez moi ? Tout à coup, je reconnais le dépanneur des parents de Julie. Je pourrais téléphoner à mon père pour qu'il vienne me chercher. D'un autre côté, peut-être que Julie travaille ce soir, et je n'ai pas envie de la voir. Quoique, à bien y penser... pour l'instant, mes doigts engourdis parlent plus fort que mon orgueil blessé.

Pas de chance, Julie se trouve effectivement derrière le comptoir. Heureusement, il y a une file de clients qui attendent leur tour et elle semble débordée. Je me fais discrète pour donner mon coup de fil au téléphone public. Mon père doit aller conduire ma mère à sa répétition de chorale. Il viendra me prendre ensuite.

Je l'attends en essayant de ne pas jeter de coup d'œil du côté du comptoir. Julie est une vraie pro, dans son travail comme ailleurs, et la file de clients disparaît beaucoup trop vite. Au bout de quelques minutes, je me retrouve seule avec elle dans le dépanneur. Qu'est-ce qu'il fait, mon père ? Presque malgré moi, je tourne les yeux vers Julie.

— Qu'est-ce qu'il y a, Clara ? Tu as l'air... bizarre.

Je crois qu'inconsciemment, je n'attendais qu'un mot de sa part pour lui confier toute mon aventure. En un clin d'œil, je me retrouve devant elle.

— Pascal n'est pas homosexuel. Il vient de m'embrasser.

Julie en avale sa gomme et manque s'étouffer. Une fois sa quinte de toux passée, elle me demande :

— T'es sûre ?

Elle se rend compte une fraction de seconde trop tard de l'absurdité de sa question.

Nous éclatons de rire. Je commence à lui raconter mon histoire. J'arrive à la partie la plus intéressante, au moment où Pascal m'a agrippée par les cheveux comme un homme des cavernes, quand mon père fait irruption dans le dépanneur. Je regrette qu'il n'ait pas tardé un peu !

— Désolée, je dois y aller. Je te raconterai la suite demain.

Julie trépigne.

— Je finis à dix heures. Je peux t'appeler ?

Heureusement, mon père ne l'a pas entendue. Dix heures, pour mes parents, c'est un peu tard pour piquer une jasette. Mais comme je ne pourrai pas dormir de toute façon, je chuchote :

— Je t'appellerai, moi, à dix heures et quart.

— Ne m'oublie pas, surtout !

À la façon dont elle me dit cela, comme si je vivais une aventure passionnante, j'ai soudain l'impression d'être une héroïne de roman !

Le lendemain matin, j'ai les yeux cernés et une humeur de chien. Le manque de sommeil a toujours cet effet sur moi… En entrant dans la classe, j'évite soigneusement de regarder Pascal, mais son regard me brûle la nuque. Machinalement, je prends le pupitre derrière celui de Julie. Elle m'attend avec l'air de quelqu'un qui espère une déclaration incroyable, comme si je pouvais avoir vécu autre chose pendant la nuit. J'ai presque envie de lui faire avaler que Pascal est entré par effraction dans ma chambre. Au lieu de quoi, je lui dis :

— Tu avais raison, pour Simon.

Il est clair qu'en ce moment, Simon l'intéresse beaucoup moins que Pascal.

— Quoi, Simon ?

— Ben… c'est vrai que j'ai l'impression de le connaître à fond, que je ne m'attends pas à bien des surprises avec lui.

— Alors, tu vas le laisser ? Pour Pascal ?

— Chut ! Pas si fort !

Heureusement, dans le brouhaha qui précède la cloche, personne ne fait attention aux paroles de Julie.

— Je n'ai jamais dit que j'allais laisser Simon !

— Mais…

— Je ne l'ai mêmc jamais pensé !

— Mais…

— Ce n'est pas parce qu'un autre gars m'embrasse que je vais arrêter d'aimer Simon !

— Vas-tu me laisser finir ! Et je te ferai remarquer que c'est toi qui parles fort, maintenant !

Je ferme les yeux, inspire profondément par le nez, expire et dis :

— D'accord, je t'écoute.

Julie parle tout bas.

— D'après ce que j'ai pu comprendre, quand tu-sais-qui-a-fait-tu-sais-quoi, ça ne t'a pas laissée indifférente ! Si je ne me trompe pas, tu aurais même été prête à le laisser continuer !

Pardonne-moi, Simon, mais Julie a raison…

— Oui, c'est vrai. Mais je ne suis pas amoureuse de Pascal ! C'était une réaction purement physique !

— Ben oui…

— Moque-toi autant que tu voudras, je sais que c'est vrai. L'année dernière, je passais mon temps avec Simon. Quand je n'étais pas dans ses bras, je lui tenais la main. On avait toujours un contact ! Maintenant, je ne l'ai plus, ce contact-là, et ça me manque. Avec Pascal, c'est mon corps qui a réagi. C'est tout.

— Tu es sûre ?

Non, absolument pas. En fait, plus ça va, plus je m'embrouille, et je ne suis plus certaine de quoi que ce soit. Je ne me sens pas prête à l'avouer à Julie. Ça rendrait mes incertitudes encore plus réelles.

— Évidemment, je suis sûre.

— Si je te pose la question, c'est parce qu'hier, tu n'avais vraiment pas l'air d'une fille qui aurait juste réagi physiquement, comme tu dis. Tu avais l'air… bouleversée. Complètement virée à l'envers…

La cloche annonçant le début du cours interrompt Julie. Heureusement, parce que chaque mot me rendait encore plus incertaine quant à mon avenir avec Simon.

Après le cours, Pascal me rattrape dans le couloir. Cette fois, pas moyen de l'éviter sans avoir l'air de… vouloir l'éviter, ce qui semblerait louche. Il pourrait s'imaginer qu'il me rend nerveuse. Il n'aurait pas tort.

— Clara, j'ai annulé la répétition de ce soir.

Ouf ! Je respire. J'ai passé une partie de la nuit à me demander comment j'allais pouvoir travailler avec Pascal si tôt après ce qui s'est passé. Je vais avoir un peu plus de temps pour me remettre de mes émotions.

— D'accord. On se voit jeudi, alors ?

— Non... En fait, j'ai annulé pour les autres, mais j'aimerais que tu viennes, toi.

Ça commence à ressembler à un rendez-vous galant, et ça me fait terriblement peur. Malgré ma bouche sèche, mon cœur qui s'énerve et le frisson qui court dans mon dos, je réussis à prendre un ton détaché pour demander :

— Tu veux me faire répéter toute seule ?

— Non. Je veux te parler.

Pascal semble aussi calme que je suis paniquée. Mon rythme cardiaque doit présentement battre tous les records. Cette fois, je ne réussis pas à obliger les mots à sortir et je ne fais que hocher la tête.

Simon, pourquoi n'es-tu pas là quand j'ai besoin de toi ?

La porte, en se fermant, fait un bruit d'enfer. En fait, elle n'est pas plus bruyante que d'habitude, mais j'ai les nerfs à fleur de peau. J'ai toujours trouvé l'amphithéâtre de cette école petit ; aujourd'hui, il me semble énorme. Malgré tout, je manque d'air. Pascal est déjà là, à m'attendre, assis au fond de la salle. Il n'a allumé qu'une seule lumière. L'atmosphère est mystérieuse… et terriblement romantique. Décidément, comme metteur en scène, on ne fait pas mieux.

— Tu peux approcher, je n'ai pas l'intention de te sauter dessus.

Même sa voix est différente. Elle résonne dans ma tête, dans mon corps. Dire que j'avais presque réussi à me convaincre que Pascal ne me faisait aucun effet… Je m'assois dans la même rangée que lui, en prenant soin de laisser plusieurs sièges entre nous.

— Je veux d'abord m'excuser, pour hier. Je ne sais pas ce qui m'a pris. Ou plutôt, oui, je sais ce qui m'a pris : tu étais tellement passionnée, et passionnante, que je n'ai pas pu m'empêcher de… tu sais… En tout cas, ça n'arrivera plus.

Je devrais me sentir soulagée, et pourtant, je suis un peu déçue. Qu'est-ce qui m'arrive ? Je ne m'attendais quand même pas à une déclaration d'amour, non ? Ou peut-être que si, justement… Pascal ne me laisse pas le temps d'analyser mes sentiments et mes attentes. Il continue :

— Et je voulais surtout te remercier. Sans toi, j'aurais tout lâché, et je ne me le serais jamais pardonné. Tu as raison, j'ai la chance d'avoir l'occasion de réaliser un rêve, et je ne peux pas la laisser passer. Ce que tu ne sais pas, c'est qu'il ne s'agit pas juste d'un rêve. Pour moi, c'est presque vital. Il FAUT que je le fasse, et je croyais que je pouvais réussir tout seul, mais je me rends compte que j'ai besoin des autres... De toi, surtout, parce que tu as l'air de croire à ce projet, et tu t'investis autant que moi, même si tu n'es pas sûre de ce que ça va donner. Et ne proteste pas. Je sais bien que personne n'aime vraiment mon scénario, mais je ne PEUX pas le changer. Tu veux savoir pourquoi ?

Je me sens comme si j'allais entrer dans le secret des dieux. Pascal n'attend pas ma réponse et me pose une autre question :

— As-tu déjà perdu quelqu'un à qui tu tenais beaucoup ?

Je prends deux secondes pour réfléchir, consciente de la gravité du moment.

— Non.

Un long silence suit. Pascal a les coudes appuyés sur les genoux et le visage dans les mains. J'attends. Il finit par relever la tête et me regarde dans les yeux, malgré la distance.

— Clara, je vais te raconter quelque chose que je n'ai jamais raconté à personne ici. Ce ne sera pas facile, mais après, tu me comprendras mieux, je pense.

Je n'ai pas envie de connaître son histoire. Il me fait peur. Je voudrais plutôt m'enfuir, mais Pascal se met à fixer un point droit devant lui et sa voix me cloue sur ma chaise.

— Tu n'avais probablement pas envie de déménager. Moi, quand ma mère m'a annoncé qu'elle avait été mutée dans un autre village, j'aurais applaudi. Tu ne peux pas t'imaginer à quel point j'étais soulagé. J'allais pouvoir recommencer à zéro, oublier... comme si je pouvais oublier ! J'étais tellement naïf !

« J'ai perdu mon meilleur ami il y a un an et demi. Il n'est pas mort, mais c'est tout comme. En tout cas, il est mort pour moi, et vice-versa, j'imagine... Même si je sais que ce n'est pas ma faute, je me sens coupable. J'ai toujours pensé que quelqu'un aurait dû faire quelque chose pour l'empêcher de se détruire à ce point... Surtout moi, son meilleur ami ! Mais j'ai préféré fermer les yeux, comme si les choses allaient se régler d'elles-mêmes. Au fond, j'avais l'impression que tant que je n'y pensais pas, le problème n'existait pas vraiment.

Ça me fait drôlement penser à quelqu'un… Pascal continue :

— Tu sais, pour un gars, c'est difficile de dire à un autre gars de faire attention parce qu'on tient à lui. C'est plus facile pour vous, les filles. Alors, je n'ai rien dit. On se connaissait depuis toujours. On habitait la même rue. Nos mères nous emmenaient au même parc, à la même garderie. On a pris le même autobus pendant tout notre primaire. On a joué au hockey ensemble, presque toujours dans la même équipe. On faisait tout ensemble… jusqu'à ce qu'il commence à se droguer.

Je n'ai plus du tout envie de m'enfuir. Je voudrais plutôt prendre Pascal dans mes bras et lui dire qu'il n'a pas besoin de me raconter tout ça. Mais il continue comme si je n'étais pas là :

— Il avait toujours de l'argent sur lui. Tu connais le refrain : les parents qui ne sont jamais là et qui ouvrent leur portefeuille, pour compenser… Mon père à moi n'était plus dans le décor depuis longtemps, mais ma mère s'est toujours arrangée pour que je ne trouve jamais la maison vide en rentrant de l'école, au moins pendant mon primaire. Philippe me trouvait chanceux ; moi, je l'enviais pour son argent... Je sais que ma mère avait raison, mais dans le temps, je la trouvais trop mère-poule. Je l'avais toujours dans les jambes ! Et je te garantis que si un jour j'ai des enfants, moi aussi, ils m'auront toujours dans leurs jambes.

« Philippe a commencé à prendre de la drogue en arrivant au secondaire. Je pense qu'il a fumé son premier joint le jour de la rentrée. Pour une fois, je n'étais pas avec lui. Si je croyais aux anges gardiens, je dirais que le mien veillait sur moi ce jour-là... Tant qu'il est resté sur les joints, ça pouvait aller. Il a essayé de me convaincre de fumer avec lui, mais j'ai toujours refusé. Ça ne m'a jamais attiré et, de toute façon, je n'avais pas d'argent.

« Au bout de quelques mois, Philippe a voulu essayer quelque chose de plus fort. Il aimait le danger. Il a commencé à « sniffer ». Il a changé. Il ne voulait plus voir personne, il séchait la plupart de ses cours, et les rares fois où il se présentait à l'école, je ne crois pas qu'il retenait grand-chose. Il a coulé son année, évidemment. L'année suivante, j'ai commencé mon deuxième secondaire, et il est resté au premier secondaire. Malgré tout, on continuait de se voir de temps en temps. J'agissais plus par devoir que par plaisir, parce que j'étais le seul ami qui lui restait. À force de se disputer et de ne pas tenir ses promesses, il avait perdu tous les autres.

« Je ne l'ai jamais dit à personne, mais je me croyais meilleur que tout le monde parce que je tenais bon, que je ne le lâchais pas. Je me trouvais plus tolérant, plus généreux... Penses-tu ! Je suis aussi lâche que n'importe qui, et peut-être même plus. Je l'ai abandonné, moi aussi, même si c'était plus subtil. J'aurais dû le faire parler, le questionner, jusqu'à ce qu'il se confie un peu... J'ai bien essayé de poser quelques questions, mais quand j'ai vu qu'il ne voulait pas répondre, je n'ai pas insisté. C'était tellement plus facile comme ça !

« Il a commencé à me demander de l'argent en septembre, cette année-là. Comme je te le disais, je n'en avais jamais. Il le savait. À ce moment-là, il n'avait sans doute plus les idées très claires. Chaque jour, la même question revenait : « Pascal, aurais-tu un vingt à me prêter ? Pascal, t'aurais pas un dix sur toi ? » Dans un sens, je le plaignais ; dans un autre, il commençait à m'énerver. Puis, il est devenu agressif. Il me faisait même peur, des fois. Surtout, il me faisait pitié. C'est fou, mais jusqu'à la fin, j'ai espéré qu'il redeviendrait comme avant, que je retrouverais mon meilleur ami, qu'on se remettrait à faire du sport ensemble… Il aurait fallu un miracle, et, dans le fond, je le savais. Plus ça allait, plus je me sentais mal à l'aise avec Philippe. Honnêtement, je commençais à me demander si j'allais pouvoir le supporter encore longtemps… Alors, le jour où ma mère m'a annoncé qu'elle avait accepté un transfert à son travail, j'ai juste eu envie de la remercier. Sans le savoir, elle me faisait le plus beau cadeau du monde. Elle voulait attendre la fin de l'année scolaire, mais je l'ai convaincue de déménager après les Fêtes. Je suis arrivé juste à temps pour la troisième étape. J'ai écrit à Philippe pour me donner bonne conscience. Je savais qu'il ne me répondrait pas. Je n'ai plus jamais eu de nouvelles, et je n'en ai plus donné non plus. »

Pascal se tait une seconde, puis continue :

— C'est un beau gâchis. Philippe n'était pas un génie, mais il était quand même intelligent et il aurait pu très bien réussir sa vie. Avant la drogue, il était toujours de bonne humeur, il faisait plein de projets, tout le temps, et il avait un sens de l'humour incroyable. Il remontait le moral de n'importe qui juste en entrant dans une pièce. Quand je suis parti, il avait l'air d'un squelette ambulant, avec ses yeux creux et ses os qui lui perçaient presque la peau. Il faisait peur à tout le monde, même à moi.

Qu'est-ce qu'on peut dire, après avoir entendu une histoire comme celle-là ? Rien. Alors, j'attends, la tête remplie d'images. Pascal prend une longue inspiration, puis ajoute :

— Quand tu m'as accusé, hier, de vouloir contrôler tout le monde, j'ai pensé qu'il était peut-être temps que j'en parle à quelqu'un. Je sais bien que je ne peux pas contrôler tout le monde. Si j'avais pu, Philippe n'aurait jamais changé comme ça, et il serait encore mon ami.

— Justement ! Tu ne pouvais pas le contrôler, tu ne pouvais pas choisir à sa place !

— Non, mais j'aurais pu essayer de l'aider…

— Tu as essayé ! Tu es resté alors que tout le monde l'abandonnait...

— J'aurais pu essayer plus fort !

— Comment ? En te droguant, toi aussi ? Tu ne serais peut-être plus là aujourd'hui. En lui donnant de l'argent ? Il aurait fini par mourir d'une *overdose* !

— Qu'est-ce que tu en sais ?

En d'autres circonstances, je n'aurais absolument pas accepté qu'il me parle comme ça. J'aurais répliqué sur le même ton. Cependant, comme ce n'est pas à moi qu'il en veut, mais à la vie en général, j'avale ma salive. Et pour une fois, je tourne ma langue sept fois dans ma bouche avant de parler, puis je réponds :

— Ce que je sais, c'est que même si je ne te connais pas depuis longtemps, je suis certaine que tu aurais aidé ton ami si tu avais pu.

Pascal me fixe en silence pendant plusieurs longues secondes, puis enlève ses lunettes et s'essuie les yeux. Je demande doucement :

— Il te manque ?

Pascal hoche la tête, se racle la gorge et ajoute d'une voix pas très assurée :

— Je n'ai jamais réussi à trouver un ami comme lui. Peut-être parce que je n'ai pas assez essayé. De toute façon, je ne suis pas sûr d'en vouloir un autre. Quand on est proche de quelqu'un comme ça, on devient vulnérable. D'un autre côté, on ne peut pas vivre sans les autres…

Pascal l'indépendant admet qu'il a besoin des autres ! Tout à coup, sans prévenir, l'envie de l'embrasser me prend comme un coup de poing au ventre. Je voudrais qu'il dise qu'il a besoin de moi, pas seulement des autres en général. Je voudrais qu'il me regarde dans les yeux et m'avoue que je suis la première qui réussit à réchauffer un peu son cœur. Je voudrais qu'il me prenne dans ses bras et m'embrasse comme hier, un long baiser pas très romantique mais tellement vivant… Heureusement, avant que je perde complètement la tête, il reprend :

— Tu dois te demander quel rapport ça peut avoir avec ma comédie musicale…

Non, je ne me le demande pas ! Brusquement, tout s'éclaire et j'en oublie mes envies de l'embrasser. Le côté sombre de l'histoire, les personnages qui tournent autour d'Alice comme s'ils voulaient la dévorer, la personnalité d'Alice, déprimée et désespérée, sa mort à la fin… Oui, maintenant, je comprends tout. Mais Pascal ne me laisse pas le temps de répondre :

— La seule façon que j'ai trouvée de me déculpabiliser, de vivre en paix avec moi-même, c'était de faire quelque chose pour Philippe… ou plutôt, à la mémoire de Philippe… Pas celui de la fin, mais celui que je connaissais quand il était encore mon meilleur ami. Comme ça, j'espère pouvoir faire le ménage dans mes souvenirs et garder seulement les bons.

L'entreprise me semble périlleuse. Rien ne garantit que Pascal va réussir à se libérer de ses fantômes avec une simple comédie musicale. Le cœur battant encore un peu trop fort, je demande :

— Tu ne penses pas que tu devrais plutôt voir un psychologue ?

— J'ai essayé. Ma mère m'a obligé à en voir un. Ça n'a rien donné.

— Mais si ça ne marche pas, qu'est-ce que tu vas faire ? Tu vas tomber encore plus bas.

— Ça marchera, Clara. Je le sais.

Il hésite à peine, puis ajoute :

— C'est bizarre, parce qu'il n'est pas mort, et pourtant… Des fois, pendant les répétitions, je sens une présence… comme si

Philippe m'encourageait à continuer. Et d'autres fois, quand je travaille les textes, j'ai l'impression qu'il me souffle les mots. Comme si l'ancien Philippe sortait de mes souvenirs et venait me hanter. C'est difficile à expliquer...

Un frisson court le long de ma colonne vertébrale. Je n'ai jamais beaucoup aimé les histoires d'esprits et de revenants.

— Tu penses que je suis fou ?

Peut-être que oui, un peu.

— Non, je pense que tu es génial.

Le sourire de Pascal... C'est le genre de sourire qu'on voudrait pouvoir mettre en boîte. Je me lève, les jambes un peu molles. Pascal m'imite. Bizarrement, je le trouve moins grand que d'habitude, comme si son récit nous avait rapprochés. Au lieu de me diriger vers le bout de la rangée pour m'en aller, je vais vers Pascal. J'aimerais dire quelque chose, trouver les mots pour lui faire comprendre que je voudrais prendre une partie de sa peine sur mes épaules... Comment pourrais-je exprimer ce que je ressens sans tomber dans le sentimentalisme ou les clichés ? Il est la seule personne sur terre qui me fait perdre la parole. Je le serre dans mes bras. Ce n'est qu'au contact de son corps que je me rappelle mon envie presque irrésistible de tout à l'heure. J'avais réussi à l'oublier! Espérons qu'il ne croira pas que je lui fais des avances… Mais non, il me laisse aller sans rien tenter de compromettant. Il murmure seulement:

— Tu es quelqu'un, Clara Dubé.

Sa voix m'enveloppe comme une couverture de laine. J'aurais préféré qu'il m'embrasse. Je sais répondre à la passion, à l'attirance magnétique entre deux corps, aux coups de cœur, au manque d'air; j'ai plus de difficulté avec la tendresse… Surtout celle de Pascal.

Je sors de l'amphithéâtre avec l'impression d'avoir une bombe à retardement à la place du cœur.

— Il n'en est pas question!

Julie a beau être douce, patiente et tout ce qu'on voudra, quand elle a quelque chose dans la tête, elle ne l'a pas dans les pieds. Elle a décidé qu'elle danserait dans la comédie musicale, et pas autre chose. Pascal essaie de la faire changer d'idée, de la convaincre d'accepter de jouer le rôle des autres personnages, mais pour une fois, je crois qu'il ne gagnera pas. Les yeux de Julie brillent d'indignation:

— J'ai travaillé comme une malade, avec Clara, pour monter les chorégraphies. Quand tu m'as enlevé Clara, je n'ai pas dit un mot et j'ai continué à travailler toute seule. Tu n'es pas le seul à avoir changé tes plans quand les autres lâchaient ; moi aussi, il a fallu que je modifie mes chorégraphies de A à Z ! Et je ne t'ai jamais achalé avec ça ! Mais là, tu vas trop loin. Je n'ai pas fait tout ce chemin pour me faire dire que je ne danserai pas !

— Tu peux danser quand même ! Tu n'as qu'à adapter tes chorégraphies…

— Mes chorégraphies sont bien comme elles sont ! Tu n'as qu'à les jouer, toi, tes personnages !

— Moi ? Mais je ne veux pas jouer, moi !

— Ça tombe mal, moi non plus.

Pascal a l'air totalement pris au dépourvu par la suggestion de Julie.

— Mais… je chante à peu près aussi bien que Clara !

Tous les regards convergent vers moi. Je hausse les épaules, résignée :

— Ça veut dire très, très mal.

Julie n'abandonne pas :

— Alors, récite les répliques, au lieu de les chanter ! Clara le fait déjà…

Suit un concert de protestations d'Alain et de Jean-François, nos deux musiciens :

— Coudonc, c'est une comédie musicale ou une pièce de théâtre que vous voulez ?

— Parce que si vous n'avez pas besoin de nous, on va arrêter de perdre notre temps…

L'orage gronde, Pascal semble sur le point d'exploser. J'interviens avant que les choses s'enveniment :

— Pascal pourrait peut-être essayer de chanter quelque chose, on verra après ce qu'on fait…

Le principal intéressé me lance un regard noir.

— Je vous ai dit que je ne veux pas jouer !

Moi aussi, je commence à bouillir.

— Et moi, je ne voulais pas le rôle d'Alice ! Et Julie ne voulait pas danser toute seule ! Et Jean-François et Alain voulaient jouer avec un groupe, pas dans un duo ! Il serait peut-être temps que tu fasses des compromis, toi aussi !

Je suis un peu injuste. Je sais que Pascal en a déjà fait beaucoup, des compromis chaque fois qu'il adaptait le scénario à la situation, toujours changeante. Quand même, il faut bien que quelqu'un le brasse un peu…

Il ouvre la bouche, la referme. Je suis soulagée quand il détourne son regard de moi pour parler à Jean-François.

— On va essayer la chanson où le Roi de Cœur accuse Alice d'avoir volé les tartes.

Pascal vient d'accepter une de mes suggestions ! Moi qui croyais que ce moment ne viendrait jamais, je jubile… intérieurement, bien sûr. Alain lui tend une feuille. Pascal le fusille du regard.

— Je connais le texte, merci.

Il chante sans beaucoup de conviction, les yeux au plafond. Pourtant, il est loin d'être aussi mauvais que moi. Il ne deviendra jamais une vedette de la chanson, mais pour un projet scolaire, ça ira. Je l'arrête au beau milieu du refrain :

— Vendu ! Laisse faire les complexes, Pascal, tu es cent fois meilleur que moi.

— Depuis quand c'est toi qui décides ?

— Depuis que tu es trop borné pour te rendre compte que tout va tomber à l'eau si tu n'y mets pas un peu du tien !

À la façon dont il me regarde, je comprends que je ne vivrai pas vieille si je n'apprends pas à me taire. Je décide donc de laisser parler les autres pour le reste de la répétition. De toute façon, Pascal a fini par se laisser convaincre et accepte de prendre tous les rôles autres que celui d'Alice. Une tâche titanesque, mais le connaissant, il va réussir sans trop de difficulté.

J'avais une autre idée à lui soumettre. Je vais attendre que la poussière retombe avant de lui en parler. Je préfère ne pas trop pousser ma chance…

Deux jours plus tard, la situation semble s'être améliorée. Pascal commence à me regarder sans me donner l'impression qu'il voudrait me voir disparaître. Je l'intercepte entre deux cours.

— Pascal, je pourrais te parler ?

— Oui, bien sûr.

C'est ce qui est drôle avec Pascal : même s'il ne veut jamais rien entendre, il est toujours prêt à écouter.

— J'ai repensé à ce que tu m'as raconté l'autre jour, et j'ai relu le texte avec ton histoire dans la tête. Si les gens comprenaient que tu parles de drogue, tout le monde trouverait ça génial.

Je croyais qu'il s'enthousiasmerait pour mon projet. Il reste là à me fixer comme s'il attendait que j'ajoute quelque chose. Mal à l'aise, je continue :

— Le problème, c'est que, présentement, ce n'est pas du tout évident. Je n'aurais jamais deviné... Et je veux bien croire que je ne suis pas hyper-brillante, mais je ne suis quand même pas une tarte non plus !

— Et alors ? Qu'est-ce que tu suggères ? Que je te fasse sniffer une ligne de coke sur la scène ?

La violence de sa réaction me prend par surprise. Je mets quelques secondes avant de riposter :

— Qu'est-ce qui te prend ?

— Il me prend que je suis tanné de toujours tout changer, de toujours écouter les commentaires de tout le monde, et surtout les tiens !

Il peut bien parler, il n'a jamais tenu compte de mes suggestions, sauf une ! Au prix d'un gros effort, je réussis à répliquer calmement :

— Je peux t'aider à changer les textes, si tu veux...

— Jamais de la vie ! C'est MA comédie musicale, et je veux qu'elle le reste ! Si je ne peux pas la faire comme je veux...

— … tu préfères ne pas la faire du tout, je sais. Tu ne vas pas recommencer avec ça !

Je ferme les yeux, prends une grande inspiration, expire TRÈS lentement. Je m'étais pourtant promis de ne pas m'énerver…

— Tu n'aurais pas grand-chose à ajouter, tu sais.

— Non, parce que je n'ajouterai rien du tout. Je n'irai quand même pas crier au monde entier que mon meilleur ami a gâché sa vie sans que je lève le petit doigt pour l'aider ! Si les gens font attention à la pièce, ils vont comprendre.

— Mais il n'y a absolument aucun indice !

— Je ne changerai rien.

Je pourrais hurler. Je pourrais l'étrangler à mains nues. Je préfère m'en aller sans ajouter un mot.

Le lendemain, Pascal commence la répétition en nous distribuant son nouveau scénario. Comme tout le monde proteste, sauf moi, il annonce sans me regarder :

— Je vous promets que ce sont les derniers changements majeurs. Si vous n'êtes pas contents, vous irez vous plaindre à Clara. Je crois que vous allez trouver l'histoire plus intéressante comme ça. Premier changement: au lieu d'une potion magique, le Lapin donne un joint à Alice…

Un sourire impossible à réprimer me fend le visage d'une oreille à l'autre. Il y reste tout au long de la répétition.

Cette semaine a lieu la classe portes ouvertes de mon cours de ballet-jazz. La formule ne m'est pas inconnue, puisque mon ancienne école de danse tenait le même genre d'événement. Danser devant les parents et les amies qui viennent voir comment se déroule un cours ne m'a jamais fait un pli, et il n'y a pas de raison pour que ça change cette année. Julie s'en fait plus que moi. Elle veut devenir danseuse professionnelle et chaque représentation publique lui met une tonne de pression sur les épaules. Malgré cela, elle continue toujours de danser avec une légèreté et une grâce qui font bien des envieuses.

Elle n'est pas la seule à s'énerver. On se croirait dans une fourmilière tellement les élèves ne tiennent pas en place! Elles n'en finissent pas de placoter et de ricaner… tout en essayant d'avoir l'air indifférent et de faire comme si les spectateurs n'étaient pas là. Un peu à l'écart, je fais mes exercices d'étirement en me demandant pourquoi je reste aussi calme et détachée.

Je ne me le demande pas longtemps. Je me rends compte que je suis tout à fait normale, et que je peux m'énerver autant que n'importe qui, quand Pascal fait son entrée.

Qu'est-ce qu'il fait là, lui ? Aurait-il une sœur qui prend des cours avec mon groupe ? Il m'a déjà parlé d'un frère, mais jamais d'une sœur. D'ailleurs, je ne suis pas la seule à me surprendre de sa présence. Toutes les pies ont cessé leur bavardage et le regardent, la bouche ouverte, oubliant d'avoir l'air indifférent. Les yeux de Pascal font le tour de la salle et s'arrêtent sur moi. Il me sourit.

L'évidence me frappe en plein cœur. Il n'est pas venu voir une sœur hypothétique. C'est pour moi qu'il est venu ! Pour me voir, moi !

Du coup, je ressens tout ce que les autres ont pu éprouver depuis leur arrivée, en même temps et en double ou en triple. J'ai le cœur qui bat, les jambes molles et le cerveau déconnecté de mon corps. Je voudrais faire un signe de la main à Pascal, un petit salut désinvolte, mais je réussis seulement à détourner la tête en rougissant. Je m'en veux ! Il va croire qu'il me fait de l'effet !

Inutile d'essayer de me convaincre que ce n'est pas le cas : mon corps parle plus fort que ma tête.

Avant même que le cours commence, je sais que je vivrai l'heure la plus longue de ma vie. Je ne réussirai jamais à me rappeler mes chorégraphies ! Je prends ma place pour le réchauffement en priant très fort pour que Pascal soit seulement un mirage et qu'il disparaisse au plus vite. Mais non, il reste là, assis sur sa chaise, en chair et en os, aussi concentré que lorsque nous répétons sa pièce. Le code vestimentaire des cours de danse ne m'a jamais causé de problème, mais aujourd'hui, je donnerais n'importe quoi pour échanger mon collant et mon justaucorps contre un ensemble de jogging informe. Je sens le regard de Pascal peser sur moi pendant tout le cours et je fais des erreurs à la pelletée.

Quand le cours se termine enfin, je lui lance un regard meurtrier… du moins, je l'espère, parce que j'aurais vraiment envie de le tuer et je veux qu'il le sache ! Il faut croire que j'ai réussi, parce qu'il part sans demander son reste.

Le lendemain matin, au premier cours, je n'ai pas décoléré. Je m'assois derrière Pascal avec la ferme intention de lui dire ma façon de penser.

— Tiens, salut, Clara. Tu as changé de place ?

Quelle perspicacité ! Je garde mes sarcasmes pour moi.

— Pour aujourd'hui seulement.

— Ah… Et je peux savoir pourquoi ?

J'aurais envie de lui répondre que c'est parce qu'il m'énerve et que j'aimerais lui rendre le cours insupportable, mais je réponds :

— Parce que je pensais que tu voudrais me parler.

Je pourrais difficilement lui rendre les choses plus faciles… Il me regarde, étonné.

— Tu lis dans mes pensées ou quoi ? Justement, je voulais te demander de venir répéter avec moi après l'école. Il y a certaines chansons où on se donne la réplique et je pense que tu pourrais les chanter, celles-là. Elles sont assez faciles…

— Je ne parlais pas de ta comédie musicale.

— Ah ? De quoi, alors ?

Je vais l'étriper ! Je m'appuie contre le dossier de ma chaise en croisant les bras.

— Tu as vraiment l'intention de faire comme s'il ne s'était rien passé, hein ?

— Parce qu'il s'est passé quelque chose ?

— Évidemment, qu'il s'est passé quelque chose ! Le cours de ballet ! Tu étais là, je n'ai quand même pas rêvé !

— Je croyais que c'était ouvert à tout le monde. En tout cas, c'est ce que Julie m'a dit, hier, et j'ai décidé d'y aller.

— Pourquoi ? Les seuls gars qui assistent à ce genre de cours sont les pères et les chums. Et encore ! Tu n'as pas de blonde dans ce groupe-là, que je sache ?

— Non, mais je suis ton ami. Ce n'est pas assez ?

Qu'est-ce que je peux répondre ? Pascal est la seule personne au monde à réussir à me couper le sifflet, et il le fait un peu trop souvent à mon goût. Je change de sujet.

— C'est d'accord pour la répétition. On se retrouve à l'amphithéâtre, après l'école.

Pour la deuxième fois, nous nous retrouvons seuls à l'amphithéâtre. Au moins, aujourd'hui, les lumières sont allumées.

Grande première : Pascal semble nerveux.

— Bon… je vais mettre la cassette. Essaie de chanter et si ça ne marche pas, tu réciteras ton texte, comme d'habitude.

Je ne suis pas très à l'aise non plus. Je réussis malgré tout à donner un rendement potable. Comme Pascal n'a pas l'air de savoir quoi faire ensuite (une autre première), je suggère :

— On pourrait peut-être recommencer avec les mouvements ?

— Heu… d'accord.

Il y a deux chansons dans lesquelles je danse avec Pascal ; dans les autres, dont celle-ci, il a incorporé certains gestes et déplacements pour rendre les scènes plus dynamiques.

Pascal a toujours été un peu maladroit dans les numéros de danse, surtout quand vient le temps de me toucher. Il n'a manifestement pas l'habitude de se retrouver si près d'une fille. Devant les autres, il réussit à faire à peu près bonne figure. Aujourd'hui, il a l'air d'avoir trop de bras et de jambes. Heureusement qu'on ne danse pas vraiment…

Pascal tourne autour de moi. Je tourne sur moi-même. J'essaie de m'enfuir, mais il me bloque toujours le chemin. À la fin de la chanson, suivant les consignes, j'essaie de m'enfuir et il me prend les épaules, son corps tout près du mien, menaçant. Enfin, c'est ce qui est écrit dans le scénario, parce que pour le moment, Pascal ne ferait peur à personne. Il ose à peine me toucher. Un peu mal à l'aise, refusant d'admettre que mon cœur bat trop fort, je remarque :

— Tu n'as pas l'air dedans, aujourd'hui. D'habitude, tu m'agrippes plus fort que ça.

Il se racle la gorge et répond :

— Tu as raison. On recommence.

Quand arrive à nouveau la fin de la chanson, je regrette d'avoir parlé. Cette fois, son geste ressemble beaucoup, beaucoup trop à une étreinte amoureuse. Le souvenir de son baiser me revient avec la force d'un raz-de-marée. Heureusement, Pascal m'éloigne de lui à temps et remarque :

— Il va falloir travailler dur. On ne sent pas une grosse menace là-dedans…

J'en ai senti une, moi, mais pas celle qu'il croit. C'est ma relation avec Simon qui sera menacée, s'il continue…

Nous reprenons la scène à plusieurs reprises. Chaque fois, j'ai l'impression que Pascal va m'embrasser ; chaque fois, il s'éloigne. J'en viens à espérer qu'il passe à l'action, pour dissiper la tension… et aussi parce que j'ai terriblement envie de ce baiser.

J'ai honte. Je n'ai jamais eu aussi honte de ma vie.

Je sors de cette répétition épuisée, plus mentalement que physiquement.

Le même soir, je me retrouve seule à la maison. Quand le téléphone sonne, à dix-huit heures une, je sais que c'est Simon.

Je ne réponds pas.

Chapitre 5

Il serait temps que j'arrête de me raconter des histoires. Ça ne me ressemble pas de fuir la vérité. Je suis plus fonceuse, d'habitude. Mais là, la situation implique quelqu'un d'autre, quelqu'un à qui je vais faire du mal, et c'est la dernière chose que je souhaite.

Je suis amoureuse. Et pas de Simon.

Qui aurait pu prévoir que je me retrouverais dans une pareille situation ? Pas moi, en tout cas ! Je rêvais au jour où nous partirions pour le cégep, en imaginant déjà le style de mobilier que j'aimerais installer dans notre appartement… Je me demandais quel genre de robe je porterais pour accompagner Simon à son bal… Et voilà que Pascal s'amène, l'air de rien, et fout en l'air toutes mes émotions, tous mes projets ! Je voudrais le détester, mais je n'y arrive pas. Pour mon plus grand malheur, je l'aime.

— J'aime Pascal. J'AI-ME PAS-CAL. J'aime Pascal.

Le dire à voix haute rend la situation encore plus réelle… et terrifiante. Je ne me suis jamais sentie aussi moche qu'aujourd'hui. J'ai désespérément besoin d'aide, tout en sachant que personne ne peut décider à ma place de ce que je dois faire.

Consciente qu'encore une fois je ne dormirai pas de la nuit, je décide de téléphoner à Julie. Il est presque vingt-trois heures, elle est sûrement revenue de son travail. Je remercie le ciel qu'elle ait sa propre ligne téléphonique. Elle répond à la première sonnerie.

— Allô !

— Salut, Julie, étais-tu couchée ?

— Non, je lisais. Qu'est-ce qui se passe ?

Elle sait que téléphoner à une telle heure enfreint l'une des principales règles parentales.

— Il faut absolument que je te parle. Je peux aller chez toi ?

— Et tes parents ? Ils vont te laisser venir ?

— Ils ne sauront pas que je suis partie. Alors, je peux ?

— Oui… Oui, bien sûr !

Connaissant le romantisme de Julie, je ne m'attendais pas à une autre réponse de sa part. Seul un problème de cœur peut me mettre dans cet état !

J'éteins la lumière, puis j'ouvre la fenêtre. Ma chambre est au sous-sol ; au deuxième étage, je ne sais pas si j'aurais eu le courage de sortir par la fenêtre, problème de cœur ou pas. Une fois dehors, je m'éloigne le plus vite possible. Je sais que c'est ridicule, mais j'ai l'impression que mes parents me regardent, j'ai peur qu'ils entendent mes pas dans la rue. Pourtant, ils doivent dormir.

Julie m'attend chez elle. J'entre et elle ferme la porte le plus silencieusement possible. Ses parents non plus ne seraient pas très chauds à l'idée qu'on se retrouve aussi tard… Nous descendons au sous-sol à pas de loup. Julie m'entraîne jusqu'à l'atelier de son père. N'y tenant plus, je lance :

— Je ne sais plus quoi faire ! Si tu m'avais vue à ma répétition avec Pascal, aujourd'hui, tu comprendrais. Je croyais que j'allais m'évanouir tellement j'étais tendue ! J'aurais donné n'importe quoi pour qu'il m'embrasse... Et cette fois, je te garantis que ce n'était pas juste physique !

Julie ne semble absolument pas surprise. Au contraire. J'ai beau être complètement perdue dans mon triangle amoureux, je suis encore capable de m'en rendre compte.

— On dirait que tu t'y attendais !

— Oui, je m'y attendais. Depuis le jour où je t'ai vue plantée devant le bureau de Monique, j'ai su que ça arriverait. La question était de savoir quand... Si tu veux mon avis, Pascal et toi, c'était écrit dans le ciel.

— Tu oublies Simon !

— Évidemment, c'est tout un problème. J'imagine que tu ne veux pas le blesser.

— Exactement. Et j'ai peur de le regretter si je le laisse. Je me dis que si Simon avait déménagé en même temps que moi, s'il avait été ici, lui aussi, je ne serais jamais tombée amoureuse de Pascal...

— Peut-être. Ça reste à prouver ! Quand j'ai rencontré Simon, je me suis tout de suite demandé ce que tu faisais avec lui.

— Oui, tu as été assez claire là-dessus, mais...

Julie m'interrompt.

— Je sais que tu ne comprends pas que quelqu'un puisse ne pas l'aimer, mais ouvre-toi les yeux : il serait parfait pour une fille… ordinaire, pas pour toi ! Tu as besoin de défis, et Pascal en est tout un !

Je ris nerveusement.

— Justement. Rien ne me dit que je vais gagner, à ce jeu-là.

— Vous allez gagner tous les deux. Je suis sûre que Pascal ne demande pas mieux que d'essayer. Pourquoi penses-tu qu'il est venu au cours portes ouvertes, au ballet ?

— Il avait peut-être envie de savoir comment je danse devant un public. Il a dû être terriblement déçu !

— Il te l'a dit ?

— Non…

— Et tu crois qu'il aurait eu assez de tact pour garder ses impressions pour lui, s'il t'avait trouvée poche ? Voyons, Clara, tu sais que Pascal dit toujours ce qu'il pense !

Oui, je le sais. Jc sais aussi que Julie n'aurait pas grand-chose à ajouter pour me convaincre de me lancer dans l'aventure. Elle continue :

— Pascal est un gars. Un drôle de gars, assez spécial, d'accord, mais un gars quand même. Si tu veux mon avis, il est venu pour te voir danser en collant, et quelque chose me dit qu'il a assez aimé ce qu'il a vu.

Tout ce que j'ai de peau prend une teinte rouge pompier. Je n'ai jamais eu aussi chaud de ma vie. D'une petite voix, je demande :

— Tu crois ?

— J'en suis absolument certaine. Il n'a pas cessé de te regarder de tout le cours. C'est à peine s'il osait cligner des yeux !

Elle ajoute d'un ton rêveur :

— Imagine, une histoire d'amour avec Pascal, ça doit être assez intense merci…

— Si tu veux la place…

— Jamais de la vie ! Il est trop compliqué pour moi, et je cherche quelqu'un de plus romantique. Mais vous seriez parfaits l'un pour l'autre.

Je soupire.

— Oui, mais Simon…

— Vas-tu me lâcher avec Simon ! Il n'en mourra pas ! Crois-tu vraiment qu'il ne peut pas vivre sans toi ? Ce serait pas mal prétentieux de ta part !

Évidemment, vu sous cet angle… Julie poursuit :

— Tu ne vas quand même pas passer ta vie avec quelqu'un que tu n'aimes plus parce que tu n'es pas capable de le laisser ?

— Justement, je l'aime encore, d'une certaine façon… Pas comme j'aime Pascal, mais quand je pense à lui, ça ne me laisse pas complètement indifférente. Ce n'est pas comme dans les romans ou les films, tu sais ! La fille finit toujours par découvrir qu'un des deux gars a un défaut horrible, qu'il est bête ou méchant ou qu'il est un criminel, ce n'est pas comme ça dans la vraie vie ! Des fois, les deux gars sont corrects, et même plus, et il n'y a rien pour aider la fille à prendre sa décision…

Julie réfléchit un moment, puis demande :

— Tu veux savoir ce que j'en pense ?

— Oui, s'il te plaît !

— Attends de voir Simon en personne. Quand il te touchera, quand il t'embrassera, tu sauras ce que tu as à faire.

C'est effectivement un excellent conseil.

— D'accord, c'est ce que je vais faire. Pour une célibataire, tu as l'air de t'y connaître !

Julie hausse les épaules.

— C'est l'éternelle histoire du cordonnier mal chaussé…

Je me demande quelle situation, de la sienne ou de la mienne, est la plus enviable : Julie cherche l'homme idéal et ne le trouve pas, alors que moi, j'ai à choisir entre deux…

Quelques minutes après minuit, je regagne ma chambre ni vu ni connu, avec un immense soulagement.

Je n'arrive pas à me décider. J'ai beau tourner la question dans tous les sens, peser le pour et le contre, aucun déclic ne s'est encore fait dans ma tête : est-ce que je devrais attendre à Noël et me rendre chez Simon comme prévu, ou convaincre mes parents de me laisser y aller cette fin de semaine ? De toute façon, une fin de semaine, c'est vite dit. J'ai l'impression que je n'y resterais que quelques heures. Plus le temps passe, plus je crois que mon histoire avec Simon va s'éteindre très bientôt. Même Julie, avec qui je discute du sujet en long et en large, ne peut pas m'aider. Elle doit d'ailleurs commencer à me trouver fatigante. Depuis une semaine, je lui pose la même question tous les jours : « Julie, qu'est-ce que je fais ? » Des fois, je change la formulation : « Julie, qu'est-ce que je vais faire ? » ou « Qu'est-ce que tu ferais à ma place ? » Elle ne sait franchement pas quoi répondre, pas plus maintenant qu'il y a une semaine.

En me réveillant ce matin, j'ai décidé que j'en avais assez. Je ne me coucherai pas avant d'avoir fait un choix ! Il n'est que sept heures, mais je n'arrive plus à dormir, alors je m'assois devant une feuille blanche où je trace deux colonnes : « pour » et « contre ». Comme je n'ai pas l'habitude de me creuser la tête aussi tôt le samedi matin, je reste un bon quinze minutes les yeux dans le beurre et la tête vide… puis je me lance.

Dix minutes plus tard, tout à fait réveillée, j'ai fait le tour de mes idées. Mes questionnements me tourmentent depuis si longtemps qu'au premier mot écrit, tous les autres ont déboulé. Le résultat est concluant. Dans la colonne des « pour », celle des avantages à aller chez Simon dès que possible, il y a cinq lignes :

1. J'arrêterais de me demander ce qui va arriver et de m'inquiéter.

2. Je me débarrasserais plus tôt d'une tâche vraiment très désagréable, celle de laisser Simon. (Il y a encore une faible probabilité que lorsque je vais le voir et le toucher, je

retrouve la flamme qui m'animait, mais j'y crois de moins en moins.)

3. Je pourrais découvrir plus tôt les véritables sentiments de Pascal (quoique je ne suis pas sûre que ce soit un avantage...).

4. J'agirais en accord avec moi-même, avec mes principes et mes habitudes, moi qui n'ai jamais été du genre à tourner autour du pot.

5. Simon aurait le temps de se faire à l'idée avant Noël, pour ne pas gâcher ses vacances.

Du côté des « contre », une seule phrase: « Ce serait peut-être un peu impulsif. » Dans le fond, je l'ai écrite juste pour mettre quelque chose, parce que sincèrement, je ne crois pas être impulsive, pas cette fois. D'accord, je le suis de nature, mais là, je pourrais difficilement mûrir la question davantage... J'y pense jour et nuit depuis une semaine!

Alors, c'est décidé: j'irai chez Simon, et pas plus tard qu'aujourd'hui.

À la seule pensée de ce qui m'attend, j'ai les jambes qui faiblissent et le cœur qui s'énerve. Avant de changer d'idée, je me dépêche d'aller retrouver ma mère à la cuisine. J'ai souvent désapprouvé sa manie de se lever tôt, les jours de congé comme les jours de travail, parce qu'elle a tendance à vouloir que je fasse pareil ; aujourd'hui, je me trouve bien chanceuse d'avoir une mère qui se lève avec le soleil... et même avant, surtout l'hiver !

— Maman, je peux aller chez Simon ?

Elle me regarde d'un drôle d'air.

— Tu dis ça comme si c'était la maison à côté...

— J'ai vraiment besoin de le voir. Je sais que je dis souvent que j'ai besoin de quelque chose, mais là, c'est vrai.

— Vous allez passer toutes vos vacances ensemble. Tu ne peux pas attendre deux semaines ?

— Non.

Maman me dévisage attentivement, puis lance :

— J'ai l'impression que ce n'est pas parce que tu t'ennuies de lui...

Ma mère est très observatrice. Très directe aussi.

— Quelque chose ne va pas avec Simon ?

Je n'ai jamais vraiment discuté de mes histoires d'amour avec ma mère, mais si je veux la convaincre de me laisser partir, j'ai intérêt à lui raconter ce qui se passe. Et puis, même si son adolescence est plutôt loin, elle s'y connaît un peu en relations amoureuses... La preuve, elle vit encore avec mon père. Je m'assois lentement sur le tabouret, près du comptoir, et je la regarde travailler. D'aussi loin que je me souvienne, elle a toujours préparé une salade de fruits le samedi matin, et retrouver ce rituel au milieu de tous les chambardements de ma vie me rassure un peu.

— Je crois que je ne l'aime plus. Ce n'est pas à cause de la distance, c'est parce que je me suis rendu compte qu'on est très différents... et c'est surtout parce qu'il y a quelqu'un d'autre qui m'intéresse beaucoup plus. Tu crois que c'est mal ? J'ai l'impression de le trahir.

Maman cesse d'éplucher ses bananes, plante ses deux mains sur le comptoir et répond :

— Tu ne trahis pas Simon. La seule personne que tu risques de trahir, c'est toi-même, si tu ne fais pas ce que tu crois être le mieux pour toi. Tu as quinze ans, Clara. Tu peux t'attendre à en vivre des déceptions et des ruptures. Quand on tombe amoureux, on croit toujours que c'est pour la vie, mais c'est rarement le cas... Simon devra l'apprendre, lui aussi. Il va sûrement t'en vouloir, et je le comprends. Un jour, ce sera peut-être toi qui en voudras à un autre gars. C'est la vie ! On gagne, on perd, on donne, on reçoit... L'important, c'est ce qui reste en bout de ligne.

Je reste bouche bée. Ma mère ne m'a jamais parlé comme ça. Mes histoires d'amour sont toujours restées mon jardin secret et je n'ai jamais laissé mes parents y pénétrer. Je commence à croire qu'il y aurait peut-être du bon à me confier à ma mère de temps en temps... Cette dernière sourit et retourne à ses bananes.

— Alors, tu vas faire tes bagages ?

Je mets quelques secondes avant de comprendre qu'elle vient de me donner sa bénédiction. Je me lève, contourne le comptoir, la serre dans mes bras.

— Merci, maman ! Mais je n'aurai pas besoin de bagages. Je reviendrai ce soir.

Une heure et demie plus tard, je regarde défiler le paysage dans l'autobus qui m'emmène vers Simon.

Je croyais être passée par toute la gamme des émotions possibles avec Simon. J'en découvre de nouvelles : le trac, la crainte de décevoir, de faire mal... et surtout, la peur de me tromper. Qui me dit que je ne commets pas la pire erreur de ma vie, que je ne vais pas passer le reste de mes jours à regretter ce moment ? Il est trop tard pour reculer. Je sonne à la porte, complètement terrifiée, et j'ouvre avant même d'avoir une réponse.

Si ma vie était un mauvais film, où tout est prévisible, j'entrerais pour trouver Simon avec une autre fille dans une position compromettante. Ce serait tellement plus facile ! Je pourrais jouer la victime humiliée, lui crier des insultes, faire semblant qu'il me brise le cœur alors qu'en fait, il me faciliterait grandement les choses… Ma vie n'est pas un film, et Simon ne fait rien de compromettant : il lave la vaisselle avec sa sœur, ce qui est tout à son honneur. Sabrina m'aperçoit la première et s'exclame

— Clara ! Qu'est-ce que tu fais ici ?

Simon se retourne, les yeux brillants.

— Ça par exemple ! Tu parles d'une surprise !

Côté surprise, il n'a encore rien vu, le pauvre… Il me sourit d'un air si content que j'en ai le cœur qui chavire. Qu'est-ce que je fais là ? Qu'est-ce qui m'a pris de vouloir le laisser ? Pascal ne mérite pas que je fasse aussi mal à Simon ; même ma tranquillité d'esprit ne vaut pas ça. Pour être tout à fait sûre de ce que je fais, je demande à Simon :

— Tu ne m'embrasses pas ?

Ma voix me semble bizarre, comme s'il n'y avait pas assez de place dans ma gorge pour laisser passer les mots. Simon ne semble pas le remarquer mais Sabrina, elle, me lance aussitôt un regard interrogateur.

Le baiser de Simon vient confirmer toutes mes craintes. Je ne peux m'empêcher de penser à Pascal, au torrent d'émotions qu'il a provoqué la seule fois qu'il m'a embrassée et toutes les fois où j'ai espéré qu'il le fasse. De façon tout à fait irrationnelle, je lui en veux d'envahir ma vie en ce moment critique… comme s'il le faisait volontairement !

Simon comprend tout de suite qu'il se passe quelque chose de grave. Surtout quand il voit mes yeux humides et mes lèvres qui tremblent.

— Qu'est-ce que tu as ? Qu'est-ce qui ne va pas ?

Aucun son ne veut sortir. Je ne réussis qu'à fermer les yeux et à serrer très fort mes lèvres. Éclater en sanglots en ce moment ne me servirait absolument à rien.

— Je vais finir la vaisselle, Simon, tu peux y aller.

La voix de Sabrina semble sortir de nulle part et nous force à réagir. Simon prend mon bras.

— Viens, on va aller dans ma chambre.

Tout le temps que nous sommes sortis ensemble, dans la maison de Simon comme dans la mienne, nous avons toujours dû laisser la porte de nos chambres ouvertes. Cette fois, Simon la ferme derrière nous. Avant qu'il ouvre la bouche, je me jette à l'eau :

— Simon, je suis venue parce que… je crois que… qu'on devrait se laisser.

Un air de totale stupéfaction se peint sur son visage. Il ne s'attendait manifestement pas à une pareille déclaration. Incrédule, il demande :

— Pourquoi ?

Je n'avais pas prévu cette question. Je m'attendais à des insultes, à des reproches, mais pas à des explications… alors que c'est la question qui me serait naturellement venue aux lèvres si j'avais été à sa place. Je patauge.

— Heu… parce qu'avec la distance, on ne se voit pas souvent, et je trouve ça de plus en plus difficile…

— Tu me prends pour un imbécile ? Je te connais, Clara Dubé ! La distance ne t'a jamais causé de problème ! Juste à entendre les gens dire qu'on ne pourrait pas passer à travers, tu avais encore plus envie de tout faire pour que ça marche. Ne me raconte pas d'histoires !

Simon a trop bonne mémoire.

— Il y a quelqu'un d'autre, c'est ça ?

Je ne vais quand même pas lui avouer que oui. Ce serait mettre du sel sur sa blessure… Il n'a pas besoin de l'apprendre et je ne veux pas qu'il le sache.

— Non.

Je soutiens son regard pendant de longues secondes. Vaincue, je finis par baisser les yeux.

— Tu mens très mal. C'est ton metteur en scène ?

Devant mon air surpris, qui me trahit, il explique :

— Tu en parlais dans toutes tes lettres et tous tes coups de téléphone… Je te faisais tellement confiance que je n'ai jamais rien vu venir !

— Il ne s'est rien passé !

— Décidément, tu es une mauvaise menteuse.

— Non, c'est vrai ! Il m'a embrassée une seule fois, mais c'était un accident...

— Ben oui ! Tu vas me dire qu'il ne l'a pas fait exprès, peut-être ?

— Il n'a pas pensé à ce qu'il faisait, et il n'a jamais recommencé. De toute façon, je ne suis pas venue ici pour parler de Pascal ! Je voulais te dire que je ne t'aime plus, et je ne veux pas faire semblant que tout va bien !

Je m'en veux tellement ! J'aurais dû essayer de trouver une phrase moins dure, d'enrober un peu mes propos... Simon me tape sur les nerfs avec ses commentaires et son obstination à ne pas me croire. J'imagine qu'il s'agit d'une réaction normale. Sa colère l'abandonne soudain. Il se laisse tomber sur son lit et se cache le visage dans les mains. Je sens les larmes revenir. Je me mords les lèvres puis ajoute, doucement cette fois :

— Excuse-moi, Simon, je ne voulais pas te parler comme ça. Je t'aime encore beaucoup, mais comme ami...

— Arrête, Clara. Les phrases toutes faites, ce n'est vraiment pas ton genre.

Il renifle, s'essuie les yeux d'un geste rageur, comme s'il s'en voulait de montrer sa peine. Les larmes coulent sur mes joues. Peut-être que Simon se sentira moins mal à l'aise s'il voit que je pleure aussi… Mais il ne me regarde même pas.

Je reste figée quelques secondes, me demandant ce que je devrais dire ou faire pour le consoler. Puis, c'est plus fort que moi, je tends la main pour le toucher une dernière fois, pour essayer de le réconforter au moins un peu… Il arrête brusquement mon geste en agrippant mon poignet.

— Ne me touche pas. Ne me touche plus jamais !

Je savais qu'il était fort, mais c'est la première fois que j'en fais personnellement l'expérience. Je n'ose pas lui dire qu'il me fait mal. J'entends d'ici sa réponse : « Et toi, tu penses que tu ne me fais pas mal ? » Je le regarde dans les yeux. Je laisse son regard exprimer ses pensées : il me déteste, il me méprise, il n'aurait jamais cru pouvoir un jour souhaiter me voir souffrir autant. Je le comprends. En plus, je n'ai jamais eu aussi peur de ma vie. Je n'ai pas peur de Simon ; je sais bien qu'il ne me ferait pas de mal. J'ai peur de ce qui m'attend, peur de me réveiller demain matin et de découvrir que Pascal n'est pas du tout le garçon que je croyais. Bref, j'ai peur de commettre une erreur monumentale. J'ai l'impression que c'est exactement ce que je fais. Trop tard pour reculer.

Simon finit par me lâcher. Je fais quelques pas, puis m'arrête. Il me tourne le dos.

— Je voudrais quand même te remercier. Je ne t'oublierai jamais.

Il ne répond pas, ne bouge pas. Pourtant, je sais qu'il m'a entendue. À quoi est-ce que je m'attendais ? À ce qu'il me dise que lui aussi, il gardera de merveilleux souvenirs de moi ? Voyons donc ! En ce moment, il me déteste de tout son cœur.

Je sors de sa chambre le plus silencieusement possible. J'ai fait le chemin tellement de fois que je retrouve la porte sans y penser. Malgré les larmes qui brouillent ma vue, j'ai le temps d'apercevoir le regard assassin de Sabrina.

Je fais semblant de dormir pendant tout le trajet en autobus qui me ramène chez moi. Je suis à bout de forces et j'aimerais effectivement dormir, mais j'ai les nerfs à fleur de peau, le cerveau en ébullition et l'ego en miette. Me voilà aux prises avec de nouvelles questions, la principale étant : « Pourquoi ai-je l'impression de porter le monde sur mes épaules, alors que je devrais me sentir légère, libérée d'un fardeau ? » Si ce foutu autobus peut finir par arriver à destination, j'ai la ferme intention de me précipiter sur le téléphone et d'appeler Julie.

Finalement, ce n'est pas sur le téléphone que je me précipite, mais sur Julie elle-même. Il y a des moments où le téléphone ne suffit pas ; j'ai décidé que j'en vis présentement un. Heureusement, mon amie n'est pas encore partie pour son travail, et c'est elle qui m'ouvre la porte. Je lui tombe dans les bras en éclatant en sanglots. Je crois que je pleure encore plus fort que si Simon m'avait laissée.

— C'est fini, avec Simon. J'arrive de chez lui…

Au bout d'une heure à raconter mon histoire, je rentre chez moi en traînant la patte. Je m'endors aux petites heures, aussi mêlée et incertaine que je l'étais ce matin devant ma feuille blanche.

Chapitre 6

Julie a vraiment la tête dure. Je n'arrive pas à lui faire comprendre que je ne veux pas dire tout de suite à Pascal que mon histoire avec Simon est terminée. Il m'arrive de me demander pourquoi j'agis ainsi, mais je ne me pose jamais la question longtemps. Je n'allais quand même pas passer directement des bras de Simon à ceux de Pascal ! D'autant plus que je ne sais pas ce que Pascal pense vraiment de moi… Je m'imagine lui apprendre que je suis maintenant seule, et il me semble l'entendre répondre : « Et alors ? Qu'est-ce que tu veux que ça me fasse ? » J'en ai des sueurs froides juste à y penser. Non, décidément, je ne suis pas pressée de parler à Pascal. Je préfère garder mes illusions encore un peu.

Il reste que le voir tous les jours à l'école n'est pas de tout repos, et c'est encore pire quand nous répétons. Si j'ai le malheur de me laisser aller un jour, je vais l'embrasser en plein milieu d'un numéro, c'est sûr… et peut-être faire une folle de moi par la même occasion ! Les jours suivant ma visite à Simon ont été un vrai supplice. Je croyais que les vacances de Noël m'aideraient à y voir plus clair. Nous n'avons eu aucune répétition pendant ces deux semaines et Julie, à mon grand étonnement, a tenu sa promesse de ne parler ni de Pascal ni de mes aventures amoureuses passées ou futures. Pour ce qui est d'y voir plus clair, mission accomplie : je suis maintenant absolument convaincue que laisser Simon était la meilleure chose à faire et que j'aime Pascal. Je pense à lui chaque jour, chaque heure, presque chaque minute. Pour la première fois de ma vie, les Fêtes m'ont paru interminables et j'avais hâte que l'école recommence. Donc, pour y voir clair, j'y vois clair ! Il reste à savoir quand et comment je vais faire connaître mes sentiments au principal intéressé…

C'est en poussant intérieurement un soupir de soulagement que j'ai repris le chemin de l'école. Et c'est avec l'impression de rentrer chez moi que j'ai ouvert la porte de l'amphithéâtre. Retrouver la gang de la comédie musicale était comme retrouver une famille : le groupe est petit, mais tellement soudé que nous sommes certains que tout le monde restera jusqu'à la fin.

Pascal arrive le dernier, ce qui ne lui ressemble pas. Il entre en coup de vent, ce qui lui ressemble encore moins. Il essaie toujours de se donner l'air d'un gars calme et au-dessus de ses affaires, mais aujourd'hui, il me ressemble beaucoup : survolté, avec les nerfs à fleur de peau… mais sûrement pas pour les mêmes raisons que moi.

— Salut, tout le monde ! Bon, j'espère que vous avez passé de bonnes vacances, que vous vous êtes bien reposés, parce que maintenant, il va falloir travailler dur ! Et on commence tout de suite !

Nous nous regardons tous avec des airs étonnés et Jean-François demande, mi-blagueur, mi-sérieux :

— Veux-tu bien me dire ce qui t'arrive ? Tu as mangé du lion ou quoi ?

Pascal hausse les épaules.

— Non, je me suis ennuyé, c'est tout.

La langue me démange. J'aurais envie de répliquer que moi aussi, je me suis ennuyée... de lui. J'enchaînerais en disant que j'ai laissé Simon et que je suis tout à fait libre... Le moment est mal choisi. En plus, je ne veux surtout pas avoir l'air de mendier l'affection de Pascal.

Ce dernier se jette presque sur moi avant que tout le monde ait pris sa place.

— Clara, j'ai pensé à quelque chose. Je veux que tu détaches tes cheveux.

D'un air qui doit paraître complètement imbécile, je bredouille :

— Mes cheveux ?

— Oui, tu sais, cette espèce de laine rouge qui te pousse sur la tête...

Devant son sourire moqueur et sous les rires des autres, Julie comprise (la traîtresse !), je me sens rougir, encore une fois. Sans ajouter un mot, j'enlève l'élastique qui retient ma crinière en queue de cheval.

Le visage de Pascal s'illumine d'un large sourire. Pendant que les autres se groupent devant moi avec des airs ébahis, il s'exclame :

— C'est exactement ce que je voulais !

Même Julie n'en revient pas.

— Mon Dieu, Clara, c'est épouvantable comment ça te change !

Mal à l'aise, j'attaque :

— Épouvantable ? Merci beaucoup !

— Non, je veux dire… Ça te donne un air tellement plus… doux…

Pour la deuxième fois cette année, je regrette de ne pas avoir le coco rasé. C'est fou, mais avec les cheveux détachés, je me suis toujours sentie vulnérable, comme mise à nu… Peut-être parce que je ne les laisse libres que quand je dors… Et devant cette bande d'abrutis qui me dévisagent avec la bouche ouverte, je me jure de passer chez la coiffeuse dès que le spectacle sera terminé.

Pascal, le seul à ne pas rester bouche bée d'admiration devant ma transformation (devrais-je m'en réjouir ou pas ?), semble maintenant plongé dans une intense réflexion. Il me scrute comme si j'étais un objet, un accessoire ou un décor. Eh, oh, monsieur le metteur en scène, je ne suis rien de tout ça, moi ! Je suis une FILLE, pas une chose, et il serait à peu près temps que tu le remarques ! Je m'apprête à le lui faire savoir sans ménagement quand ses yeux s'illuminent.

— C'est encore plus parfait que je le croyais. Écoutez ça, la gang : pour la première partie du spectacle, on va la maquiller pour qu'elle ait l'air un peu bronzée, un peu plus vivante ; pendant l'entracte, on refera le maquillage pour la rendre plus pâle. Comme elle portera une robe blanche pendant tout la pièce, elle aura l'air…

Julie lui coupe la parole avec enthousiasme :

— … d'un fantôme ! Comme si elle était morte avant de mourir pour de bon ! À cause de la drogue !

— Exactement.

Je trouverais peut-être son idée géniale, moi aussi, s'il ne l'avait pas exposée en m'ignorant totalement et en parlant de moi à la troisième personne, comme si je n'étais pas là. Blessée mais décidée à ne pas le montrer, je m'apprête à lui dire ma façon de penser quand il change brusquement d'expression. Je comprends qu'il pense à Philippe, à la façon dont ce dernier est mort, lui aussi, d'une certaine façon. Je ravale ma peine, qui n'est rien à côté de la sienne.

Les jours s'étirent comme des élastiques, et je me sens comme un élastique, tendue et prête à me casser au moindre problème. Toute la journée, je me suis dit que ça devait cesser, que je devais mettre les choses au clair avec Pascal. Je suis arrivée à la répétition gonflée à bloc, mon discours tout prêt, mais je l'ai oublié dès que j'ai posé les yeux sur lui. Ce qui me restait d'assurance s'est effondré quand j'ai vu Julie, Alain et Jean-François groupés autour de lui avec leurs commentaires et leurs questions. Soudain, je n'avais plus la force d'aller le voir, de lui demander de lui parler en privé et de lui confier ce que j'ai sur le cœur. Je me sentais vidée, épuisée et prête à éclater en sanglots. Ce que j'ai fait, d'ailleurs. Je me suis précipitée vers les toilettes et là, un poing sur la bouche, j'ai pleuré pour évacuer la tension, pour essayer d'oublier que la situation semble sans issue, qu'on dirait que je vais passer le reste de ma vie à me demander comment je vais dire à Pascal que je l'aime.

Je réussis tout de même à jouer avec une énergie qui vient de je ne sais où et à sourire avec une bonne humeur que je ne ressens absolument pas. À force de jouer la comédie, je vais devenir une vraie bonne actrice…

Avec un effort presque surhumain, je réussis à oublier mes problèmes et à jouer Alice de façon convaincante. C'est vrai que Pascal est tellement absorbé par son rôle, ou plutôt ses rôles, qu'il est moins exigeant du côté de la mise en scène. Complètement habité par son personnage du Roi de Cœur, il me tourne autour en chantant son texte avec assurance. Sa chanson en est une de séduction pure. Le Roi tente de convaincre Alice qu'il n'y a aucun mal à céder à son envie de danser dans ses bras, de se laisser aller un peu. Pascal se rapproche de plus en plus, et moi, j'ai peur de perdre les pédales.

Le mur que je tente de maintenir autour de mon cœur et de mon esprit se fissure, puis s'effondre. Oubliant Julie, Alain et Jean-François, oubliant Alice et le Roi de Cœur, je lance d'une voix assurée :

— J'ai laissé Simon.

Malgré ma frousse, je me sens forte et décidée, maintenant que les mots sont sortis. Pascal me regarde d'un air concentré, un peu perdu, et je devine qu'il cherche où, dans son texte, Alice parle d'un Simon…

— Oublie ta comédie musicale pour deux minutes, Pascal ! C'est moi qui parle, pas Alice !

Pascal fronce les sourcils. Du coin de l'œil, j'entrevois Julie qui entraîne discrètement Alain et Jean-François à l'extérieur de l'amphithéâtre. Pascal ne s'en aperçoit même pas. Il me fixe avec une expression indéchiffrable. Je prends une grande inspiration puis répète calmement :

— J'ai laissé Simon.

— Je peux savoir en quoi ça me concerne, et pourquoi tu interromps la répétition ?

Voilà, mon pire cauchemar devient réalité. Pascal va se moquer de moi, me rire au nez et me dire que je suis dans les patates, que je ne l'attire pas plus que les autres filles. Tant pis. Je suis allée trop loin pour reculer.

— Ça te concerne parce que c'est à cause de toi que je l'ai fait. Je n'en peux plus de garder ça pour moi. Il fallait que je te le dise.

Devant le silence de Pascal, je poursuis en racontant n'importe quoi :

— Tu vas probablement me dire que je me fais des idées, que la fois où tu m'as embrassée, ça ne voulait rien dire et que tu l'as oubliée depuis longtemps. Ce baiser-là m'empoisonne la vie. J'y pense tous les jours, j'en rêve même la nuit. J'ai trop de respect pour Simon pour continuer à lui faire croire que je l'aime encore quand c'est un autre gars que j'ai dans la tête. J'ai peut-être fait la pire gaffe de ma vie, mais je n'aurais pas pu me regarder dans le miroir si j'avais joué un double jeu. J'ai une réputation de fille franche et honnête et je tiens à la garder. Si je…

— Clara, arrête.

J'obéis sur-le-champ. D'ailleurs, je n'ai plus envie de parler. J'ai juste envie de pleurer.

Sans bouger, Pascal parle à son tour, aussi calme que je suis nerveuse.

— Je sais que tu es franche et honnête. Je n'ai jamais pensé le contraire et je ne le penserai jamais. Tu es même la fille la plus directe que je connaisse, et en général, je considère ça comme un compliment… mais pas toujours.

S'il veut me faire sourire, c'est raté.

— Ça prenait aussi un sacré courage pour me dire ce que tu viens de me dire. Je ne m'y attendais vraiment pas. Je vais essayer d'être aussi franc et direct que toi.

J'espère que mon cœur tiendra le coup…

— Clara, le fameux baiser dont tu parlais, je ne l'ai pas oublié. Je n'arrête pas d'y penser. Je fais tellement d'effort pour ne pas trop te regarder ou te parler que Julie m'a demandé cette semaine si je t'en voulais. En fait, c'est à moi que j'en veux, parce que j'ai toujours méprisé les gens qui brisent les couples…

Mon cœur cogne tellement fort que je tiens debout par miracle. Je bredouille :

— Je n'étais pas mariée, quand même !

— Tu comprends ce que je veux dire. En plus, je me sens une pression énorme sur les épaules. Tu as laissé Simon pour moi. J'aurais toujours l'impression de vivre dans son ombre, d'être comparé à lui…

— Embrasse-moi.

Il soupire.

— Clara, j'essaie de t'expliquer que je ne me sens pas à l'aise là-dedans, que je ne suis pas certain que ça va marcher…

Depuis le temps que je rêve de renouveler l'expérience de son baiser, il ne s'en tirera pas comme ça.

— Et alors ? Tu crois que c'est une raison pour ne pas essayer ? Embrasse-moi, on verra après si tu as encore des doutes.

À voir son expression, on croirait que je viens de lui imposer une corvée horrible. Je m'approche.

— Bon, si tu ne veux pas, je le ferai à ta place. Chacun son tour…

Je passe les bras autour de son cou. Il garde les siens croisés, mais il ne recule pas. Il daigne même pencher la tête vers moi quand j'approche ma bouche de la sienne. Ses lèvres sont aussi douces que dans mon souvenir et le raz-de-marée aussi puissant. Pascal ne garde pas les bras croisés très longtemps. Il les enroule autour de moi et m'attire vers lui. Ses fameux questionnements ne résisteront sûrement pas à un contact aussi étroit de nos deux corps... De toute façon, s'il y avait la moindre chance qu'un doute subsiste, l'intensité de notre baiser le ferait fondre.

Au bout d'une éternité, j'essaie, à contrecœur, de me séparer de Pascal, mais ses bras refusent de me laisser m'éloigner. Le visage collé au sien, je demande :

— Alors, qu'est-ce que tu en penses ?

— J'en pense que les autres filles vont mourir de jalousie quand elles vont savoir que tu as réussi à me mettre le grappin dessus.

Moi qui croyais que Pascal ignorait les histoires qui courent sur lui, je reste sans voix pendant quelques secondes, puis j'éclate de rire.

— Ce sera un honneur pour moi d'être celle qui t'a fait perdre ta réputation !

Chapitre 7

La nouvelle s'est propagée à la vitesse d'un feu de paille. Les filles qui ont essayé de séduire Pascal avant moi sans y parvenir me regardent avec un respect nouveau. Julie-la-romantique est aux anges. En une semaine, elle m'a fait raconter au moins quinze fois la façon dont j'ai réussi à convaincre Pascal de plonger. D'ailleurs, je ne me lasse pas de répéter cette histoire. Chaque fois, je revis les mêmes émotions, je sens mon cœur battre aussi fort, je revois le sourire de Pascal à notre sortie de l'amphithéâtre. Et chaque fois que je parle de lui, je n'ai qu'une envie, courir le rejoindre.

Notre histoire d'amour naissante donne une nouvelle dimension à l'histoire d'Alice.

Pascal, en bon metteur en scène, est le premier à s'en rendre compte et à s'en réjouir. L'histoire d'Alice telle qu'il la veut en est une de séduction ; malsaine, d'accord, mais de séduction quand même. Dans le fond, chaque personnage tente d'enjôler Alice, de l'entraîner dans son monde… Jusqu'à récemment, j'étais trop nerveuse en présence de Pascal pour le comprendre, et encore plus pour le jouer. Maintenant, quand le Lapin Blanc ou le Roi de Cœur tourne autour d'Alice, n'importe qui peut sentir qu'elle est attirée vers lui, qu'elle lutte contre son envie de céder à cette attirance. Moi, en tout cas, je sens cette lutte, car j'ai souvent un mal fou à rester dans la peau de mon personnage et à regarder Pascal comme un des siens.

Le jeu de Pascal a changé. Maintenant qu'il n'a plus à cacher ses sentiments pour moi, il se laisse vraiment gagner par l'histoire. Ses personnages sont plus inquiétants et plus provocants que jamais. Si j'étais Alice, je succomberais assez tôt. Les regards que me lance Pascal font parfois grimper ma température corporelle de plusieurs degrés… Dans les numéros de danse, le changement est spectaculaire. Avant, je trouvais qu'il avait plutôt les deux pieds dans la même bottine. Maintenant... maintenant, Alain, Jean-François et Julie nous regardent avec des yeux grands comme des soucoupes. Pascal ne sera jamais un danseur professionnel, mais maintenant qu'il n'a plus peur de me toucher, il sait se montrer très convaincant. En fait, il me touche souvent plus que nécessaire ! Nos duos y gagnent en crédibilité... et en sensualité. Je ne me lasse pas de les répéter !

La représentation approche à grands pas. Tant mieux. Nous sommes prêts et j'ai hâte que tout le monde découvre l'immense talent de Pascal. La date a été fixée au 12 février. La raison officielle, celle que Pascal nous a donnée en début d'année, est que le mois de février est idéal parce qu'il ne se passe jamais rien pendant cette période de l'année. La véritable raison, que Pascal nous a avouée il y a à peine quelques jours, est qu'il a écrit sa dernière lettre à Philippe un 12 février. Comme son ami ne lui a jamais répondu, le mince fil qui les unissait encore s'est cassé. Pascal a l'impression que leur amitié est morte ce jour-là.

Une semaine après notre fameuse conversation à l'amphithéâtre, je me retrouve chez Pascal, à la table de la cuisine, à faire un devoir de mathématiques… ou plutôt, à essayer. J'avance à pas de tortue. En temps normal, j'aurais fini depuis longtemps, mais je n'ai vraiment pas l'esprit aux maths. À ce rythme-là, j'y serai encore la semaine prochaine. Je lève les yeux vers Pascal toutes les trente secondes en me demandant comment il fait, lui, pour se concentrer. Il habite toutes mes pensées, mais pas le contraire, on dirait… Au bout de vingt minutes, je déclare forfait et ferme mon livre. Pascal lève la tête d'un air surpris.

— Tu as déjà fini ?

— Penses-tu ! J'ai fait deux problèmes en vingt minutes ! Je n'arrête pas de penser à toi, et ça me déprime de voir que tu réussis à travailler…

Pascal se met à rire.

— Tu crois ? Au moins, tu as réussi deux problèmes ! Moi, je relis le premier depuis tantôt et je n'ai pas encore réussi à comprendre un mot !

Connaissant la facilité de Pascal à l'école, je n'ai aucun doute sur la cause de son blocage. Je souris, rassurée sur mon pouvoir de séduction.

— Alors, qu'est-ce qu'on fait ?

Il se lève, me tend la main et m'entraîne au salon, où nous nous blottissons dans le divan. Sans un mot, il penche la tête vers moi et m'embrasse doucement, en prenant son temps. Rien à voir avec son baiser d'homme des cavernes, et pourtant, bonjour les frissons ! Entre deux baisers, il remarque :

— C'est quand même mieux que des maths, non ?

— Oui, mais il va quand même falloir le faire, ce devoir…

— Tu veux qu'on retourne à la cuisine ?

— Je n'ai pas dit ça ! Je le ferai chez moi, plus tard.

Pascal a un sourire magnifique. Depuis qu'il sait que je l'aime, il me le sert à toutes les sauces, et j'en redemande. Justement, j'ai une bonne idée de ce qui pourrait le rendre heureux, et le moment semble bien choisi pour lui en parler. Le nez dans son cou, je lui demande :

— As-tu pensé à téléphoner à Philippe pour l'inviter au spectacle ?

La main qui caressait mon bras s'arrête une seconde, puis reprend son manège.

— Oui, j'y ai pensé. Je crois que ce ne serait pas une bonne idée.

— Pourquoi ?

Sa main me semble maintenant distraite. Pascal aussi, d'ailleurs. Le silence s'éternise. Je lève les yeux vers lui. Il regarde dans le vide, hésite puis répond :

— J'ai peur qu'il me dise non. Imagine comment je me sentirais... S'il ne m'a pas pardonné, je n'ai pas envie de le savoir.

— Voyons, Pascal... Il y a de grosses chances pour qu'il ne voie pas les choses de la même façon. Il est peut-être trop gêné pour t'appeler... Peut-être qu'il attend juste un signe de toi...

— Philippe, gêné ? Tu ne le connais pas !

— Je veux dire qu'il n'ose peut-être pas te contacter, mais si tu faisais le premier pas...

— Ou peut-être qu'il m'a carrément oublié !

Oublier Pascal ? Qui pourrait oublier Pascal ? Il poursuit :

— Imagine la scène : « Salut, Philippe, c'est Pascal ! » « Pascal qui ? » « Pascal Dumont ! » « Pascal Dumont... » « Oui, Pascal Dumont, tu sais, ton ex-meilleur ami, qui a fini par te lâcher, comme tout le monde, et qui ne t'a pas donné de nouvelles depuis deux ans… » « Oh, ce Pascal-là ! Le salaud qui m'a regardé couler sans lever le petit doigt ! »

— Franchement, tu exagères.

— Je n'en suis pas si sûr.

Je regrette d'avoir abordé le sujet. Pascal semble maintenant plus enclin à faire des maths que des déclarations d'amour. Je n'arrive pas à croire qu'il ne veut vraiment plus voir son ami.

— Veux-tu que je l'appelle, moi ?

— Non.

Je n'ai pas rêvé : il a bel et bien hésité avant de répondre. J'insiste :

— Ça ne me dérangerait pas, tu sais. Ça me ferait même plaisir…

— Non, vraiment, ne te donne pas cette peine. Il dirait non de toute façon.

— Comme tu veux.

Évidemment, je n'ai pas l'intention d'en rester là.

J'ai hésité longtemps avant de me décider à mettre Julie dans le coup. J'ai commencé par me dire que Pascal n'aimerait peut-être pas que je mêle quelqu'un d'autre à ses histoires. Ensuite, je me suis souvenu que Julie est au courant puisque Pascal a tout raconté à l'équipe lors d'une répétition. Finalement, j'ai compris que je ne réussirais jamais à téléphoner à Philippe sans quelqu'un pour m'appuyer. L'idée de parler à ce gars-là me rend encore plus nerveuse que celle de la représentation. Je dois avouer que je n'ai pas une image très reluisante de lui. Les seules personnes que je connaisse qui ont un lien avec la drogue, je les ai vues dans des films, et ce sont toujours les méchants de l'histoire. J'ai beau savoir que ce n'est pas une référence, qu'il y a un monde entre le cinéma et la réalité, mon inconscient me renvoie constamment l'image d'une espèce de brute qui va me lancer des bêtises au téléphone et me raccrocher au nez… C'est à se demander pourquoi je tiens autant à contacter Philippe. Si je ne le fais pas, je le regretterai toute ma vie. On ne sait jamais, il pourrait accepter de venir !

Profitant du fait que Pascal a un rendez-vous chez le dentiste, je me rends chez lui avec Julie. Comme je ne peux tout de même pas demander le numéro de téléphone de Philippe à Pascal, j'ai décidé de m'adresser à sa mère. Pascal m'a raconté qu'elle et la mère de Philippe étaient très proches, alors, elle doit bien avoir gardé son numéro quelque part. Elle m'ouvre avec un grand sourire.

— Bonjour, Clara ! Pascal n'est pas ici pour le moment…

— Je sais. C'est à vous que je veux parler.

Elle me jette un regard interrogateur.

— Ah bon ? Entrez, alors.

Après lui avoir présenté Julie, je me lance dans mon explication. Elle semble hésiter. Je demande, un peu déçue :

— Vous n'avez plus le numéro ?

— Non, ce n'est pas ça… Je me demande seulement si c'est une bonne idée d'inviter Philippe. Si Pascal t'a dit qu'il n'avait pas envie de le faire…

— Il n'a pas envie de l'appeler, parce qu'il a peur de se faire dire non, mais il n'a pas dit qu'il ne voulait pas le voir. Si Philippe me dit non, Pascal n'en saura jamais rien. S'il dit oui, Pascal va pouvoir arrêter de se culpabiliser !

— Clara, es-tu absolument certaine que Pascal veut revoir Philippe ?

Je reste silencieuse quelques secondes. J'ai toujours cru que ça allait de soi, que Pascal serait enchanté de retrouver son ami, mais je n'ai jamais vraiment creusé la question. À voir l'air de sa mère, je commence à en douter.

— Je crois que oui…

— Le croire, ce n'est pas assez. Il faudrait savoir vraiment ce qu'il veut. Quand nous avons déménagé, il était soulagé de se débarrasser de Philippe, même si je n'aime pas employer ce mot-là. Imagine que tout recommence, que Philippe revienne lui demander de l'argent et essayer de l'entraîner avec lui… Je ne sais même pas s'il se drogue encore !

— Pascal ne se droguerait jamais, lui. Il sait trop bien les dommages que ça peut faire. Ce n'est pas ça qui vous inquiète, j'espère ?

— Non… Écoute, Clara, si tu avais connu Pascal avant qu'on déménage, tu comprendrais. Il était complètement démoli. Il ne dormait plus, ne mangeait plus et j'avais peur pour lui. Je ne veux pas revivre une période comme celle-là. Je suis sûre que lui non plus.

Je la comprends, mais quelque chose me dit que Pascal ne demanderait pas mieux que d'avoir une chance de faire la paix avec son ami… et avec sa conscience par la même occasion. J'ai beau réfléchir, je n'arrive pas à trouver une façon de convaincre sa mère. Julie, qui est restée silencieuse jusqu'ici, vient à mon secours :

— Clara pourrait téléphoner quand même, lui parler pour voir comment ça va, et prendre une décision à ce moment-là !

La mère de Pascal ne semble pas convaincue. Je lance :

— Je veux aider Pascal, pas lui faire du mal. Comme Julie le disait, je prendrai une décision après avoir parlé à Philippe. Si j'ai le moindre doute, je ne lui demanderai rien. Je vous jure de ne pas lui donner votre numéro de téléphone.

Elle hoche la tête sans dire un mot, l'air encore un peu sceptique. Finalement, elle se lève, disparaît quelques secondes et revient avec un bout de papier. Mon cœur bat plus vite.

— Tenez. J'espère que je ne le regretterai pas.

Je regarde les chiffres comme s'ils allaient me sauter au visage en pensant : « Moi aussi… » Julie répond rapidement :

— Merci beaucoup.

Elle me tire dehors avec l'air de dire : « Dépêche-toi, avant qu'elle change d'idée ! »

Quelques minutes plus tard, assise en tailleur sur mon lit avec Julie qui me dévore du regard, je compose les fameux chiffres. Mes doigts tremblent tellement que je dois m'y reprendre à deux fois. Finalement, au bout de trois sonneries, on répond :

— Allô !

La voix est agréable, sympathique… et masculine.

— Bonjour, est-ce que je pourrais parler à Philippe, s'il vous plaît ?

— C'est moi.

Je toussote pour me donner le temps de me calmer un peu, sans résultat.

— Bonjour, Philippe. Je m'appelle Clara. Je suis… une amie de Pascal.

— Pascal ?

Oh non, il ne peut pas l'avoir oublié ! C'est impossible ! Avec une note de désespoir, je précise :

— Pascal Dumont.

Silence au bout du fil. Il s'éternise, ce silence.

— Philippe ? Es-tu toujours là ?

— Oui, oui, laisse-moi juste le temps de m'asseoir… Tu dis que tu connais Pascal Dumont ?

— Oui… plutôt bien, d'ailleurs.

— T'es sa blonde ?

Je me sens rougir.

— On pourrait dire ça, oui.

— Pascal a une blonde ! Si je m'attendais à ça !

Je sens le sourire dans sa voix. Je souris un peu aussi. Il poursuit :

— J'imagine qu'il va bien, alors ?

— Oui, il va bien, mais ce qui m'intéresse, c'est comment toi, tu vas.

— Moi ? Bien…

— Et la drogue ?

Oh, moi et ma manie d'être toujours tellement directe ! Il va me raccrocher au nez, c'est sûr ! Je ferme les yeux, certaine d'avoir tout gâché. Philippe ne semble pas offusqué par ma question :

— Il t'a tout raconté ?

— Oui. Et je voudrais t'inviter à son spectacle, mais je veux être sûre que tu… vas bien. Il a monté une comédie musicale en pensant à toi, en croyant que ça l'aiderait à se sentir moins coupable…

— Coupable ? De quoi ?

Je me sens immensément soulagée. Apparemment, Philippe n'en veut pas à Pascal. Comme je le croyais, mon amoureux s'est fait des idées.

— Il croit que tu lui en veux parce qu'il ne t'a pas assez aidé. Il s'est mis dans la tête qu'il aurait pu t'empêcher de te droguer, qu'il aurait dû essayer plus fort, que c'est un peu sa faute si tu t'es rendu aussi bas…

— Écoute… Clara, c’est ça ? Personne au monde ne m’a aidé plus que Pascal. Je t’avoue qu’au début, quand il est parti, ça ne m’a pas fait grand-chose. J’étais trop gelé pour m’en rendre vraiment compte. Mais le jour où j’ai essayé de voler pour trouver de l’argent…

Mon Dieu, dans quoi me suis-je embarquée ! Philippe n’est pas seulement un drogué, c’est aussi un voleur ! Comme s’il devinait mes pensées, il ajoute très vite :

— Attends que j’aie fini mon histoire avec de te faire des idées, d’accord ? Ce jour-là, j’étais vraiment en manque et j’ai décidé d’attaquer un petit jeune qui passait devant chez moi tous les jours. Un petit gars de huit ou neuf ans… Pas de danger que j’en choisisse un de mon âge, j’étais bien trop lâche ! Je l’ai attrapé par l’épaule. Quand il s’est retourné, qu’il a levé les yeux vers moi… je te jure, j’ai vu Pascal au même âge. Ça m’a tellement sonné que, du coup, j’ai oublié ce que je lui voulais. Je restais là à le regarder, complètement figé, pendant que je me rendais compte à quel point j’avais tout gâché avec mon meilleur ami, comment il me manquait. Quand j’ai vu à quel point je faisais peur à ce petit gars, j’ai compris que j’avais assez foutu ma vie en l'air. Il était temps que je fasse quelque chose. Je suis allé en désintox et je n'ai plus jamais touché à la drogue. Tu lui diras ça. Et je n'ai aucun reproche à lui faire. Au contraire, je devrais plutôt le remercier de m'avoir enduré aussi longtemps. J'ai pensé à lui tous les jours, pendant que je remontais la pente, et ça m'a aidé à tenir le coup. Tu pourras lui dire ça aussi…

— Je préférerais que tu le lui dises toi-même.

Silence. Puis Philippe répond :

— Je ne crois pas… Tu sais, si je ne lui ai jamais donné de nouvelles, c'est parce que j'avais… parce que j'ai trop honte.

— Pascal n'a pas honte de toi, lui. Si tu l'avais vu quand il m'a raconté ton histoire…

Je n'ajouterai quand même pas qu'il pleurait. Je ne crois pas que Pascal apprécierait.

— Bon, d'accord. C'est quand, son spectacle ? Et tu m'appelles d'où, là ?

Je repense à la mère de Pascal, qui s'inquiétait tellement tout à l'heure, et je me dis qu'une conversation de cinq minutes, c'est peut-être un peu rapide pour se faire une idée et prendre une décision aussi importante. Je mettrais ma main à couper que ce gars-là me dit la vérité, qu'il ne touche plus à la drogue et qu'il n'y aurait aucun risque à lui faire rencontrer Pascal, mais si je me trompais ?

— Le spectacle est le 12 février, mais je ne peux pas te dire tout de suite où. Tu comprends, il faut que je sois vraiment sûre que tu n'arriveras pas gelé ou quelque chose du genre...

Il va peut-être se sentir insulté. Le bonheur de Pascal est quand même plus important que l'orgueil de Philippe. À ma grande surprise, il répond d'un ton toujours aussi calme :

— Je comprends. Alors, qu'est-ce qu'on fait ?

— Je te rappelle demain, à la même heure. Tu seras là ?

— Oui. Et en pleine possession de mes moyens, je te le garantis !

Le même sourire perce encore dans sa voix. Décidément, ce gars-là m'est sympathique. J'ai déjà hâte de voir la réaction de Pascal quand ils se retrouveront !

Le lendemain, après l'école, je dois terminer avec Pascal un travail d'équipe que nous devons remettre au prochain cours de français. Je n'arrive pas à trouver une excuse plausible pour y échapper. Me voyant au bord de la panique, Julie me prend à part et me dit :

— Donne-moi le numéro, je vais lui téléphoner.

— Ça ne te dérange pas ?

— Non, vraiment.

— Oh, merci, Julie ! Dis-lui que je le rappellerai demain, d'accord ?

— Pas de problème !

À Pascal qui nous regarde en se demandant ce qu'on peut bien comploter, j'adresse mon sourire le plus angélique…

Chapitre 8

J'arrive au cours de ballet-jazz la tête encore pleine de notre répétition de cet après-midi. Nous sommes prêts, tellement prêts que nous pourrions donner notre représentation demain. Malgré tout, Pascal insiste pour que nous répétions du lundi au jeudi jusqu'au spectacle. Je trouve ça un peu excessif, mais si ça peut le rassurer… De toute façon, je ne me lasse pas de jouer avec Pascal, de le voir entrer dans la peau de ses personnages. Une fois le spectacle terminé, je serai heureuse de passer plus de temps seule avec lui, mais je m'ennuierai de nos répétitions.

En plus, tout semble aller pour le mieux du côté de Philippe. Je lui ai reparlé une fois, pour lui donner l'adresse de l'école, où nous ferons notre spectacle. Julie a accepté de prendre le relais pour finaliser les détails. J'aurais eu trop peur que Pascal surprenne nos conversations.

J'arrive un peu essoufflée au cours de danse. J'ai à peine eu le temps de manger et de me changer avant de me précipiter au centre culturel. En entrant dans le local, je cherche Julie des yeux. Le cours commence sans elle, ce qui me surprend. Julie se passionne pour la danse à un point tel qu'elle préférerait se passer de souper plutôt que d'arriver en retard au cours. Au bout d'une demi-heure, je commence à me poser des questions, et quand le cours se termine sans aucune trace de mon amie, je suis vraiment inquiète. Nous nous sommes quittées une heure à peine avant le début du cours et elle était parfaitement en forme. Qu'est-ce qui a bien pu lui arriver ?

Je me précipite sur le téléphone public. Pas de chance, la ligne est occupée. Je sors au pas de course et me retrouve devant la maison de Julie en un temps record. Je sonne furieusement à la porte. Julie elle-même vient me répondre, en larmes et… en béquilles !

Devant mon air consterné, elle sanglote de plus belle. Incapable de prononcer un mot, elle me fait signe d'entrer. J'attends qu'elle se soit un peu calmée avant de demander :

— Qu'est-ce qui t'est arrivé ?

— C'est tellement bête ! Ma mère faisait le ménage de sa chambre, et elle m'a demandé de l'aider à déplacer la commode. Elle m'a glissé des mains et je l'ai échappée sur mon pied !

J'ose à peine poser ma question suivante :

— Et ?

— J'ai le gros orteil cassé !

— Juste un orteil, ça ne doit pas être si grave !

— Penses-tu ? J'ai le pied dans le plâtre pour six semaines !

Six semaines ! Et le spectacle est prévu dans dix jours ! Julie lance d'un ton désespéré :

— Pascal va me tuer...

Je n'ose pas imaginer comment Pascal va réagir à une pareille nouvelle, mais je ne veux pas mettre de l'huile sur le feu.

— Pascal va comprendre que c'est un accident. Tu ne t'es quand même pas blessée exprès !

— Non, mais c'est tellement niaiseux comme accident ! Échapper une commode… Franchement, j'aurais pu faire plus attention ! Quand je pense que je vais manquer le spectacle à cause d'un ORTEIL ! Si au moins j'avais eu une jambe cassée dans un accident d'auto…

— Julie, calme-toi ! Tu exagères ! Tu ne vas quand même pas me dire que tu aurais préféré avoir un accident de voiture ?

Elle hausse les épaules d'un air complètement découragé.

— Au moins, je me sentirais moins coupable. Pascal n'aurait pas pu m'en vouloir, s'il m'avait vue dans un lit d'hôpital…

Je souris malgré moi.

— Pascal ne t'en voudra pas. Je suis sûre qu'il préférerait te savoir dans ton salon plutôt que dans un lit d'hôpital.

Je me lève. Julie m'imite tant bien que mal.

— Tu t'en vas déjà ?

— Il faut bien que quelqu'un annonce la nouvelle à Pascal. J'imagine que tu n'as pas envie de t'en charger.

— Non, pas du tout.

— Je vais aller le voir. Il y a peut-être moyen de le convaincre de changer la date de son spectacle.

Je croyais que Julie crierait au génie et me féliciterait d'avoir pensé à cette solution, mais elle me regarde d'un air incertain.

— Quoi ? Pourquoi me regardes-tu comme ça ?

— Ben... Je me demande si ça ne serait pas mieux de laisser le spectacle à la date prévue. Pascal a l'air d'y tenir...

— Mais tu ne pourrais pas danser !

Julie se tortille sur ses béquilles.

— Je sais. Mais ce ne serait pas vraiment grave. C'est sûr que j'aurais aimé participer, mais il restera le spectacle de l'école de ballet...

— J'ai dû en manquer un bout ! Il y a deux minutes, tu braillais comme un veau en pensant que tu ne ferais pas le spectacle !

— C'est vrai. D'un autre côté, je suis presque soulagée. Depuis quelques semaines, je ne sais plus si j'ai vraiment envie de faire partie de la comédie musicale. Quand vous jouez, Pascal et toi, vous m'oubliez complètement... et n'essaie pas de me faire croire le contraire.

Elle a raison, comme d'habitude. J'ai tendance à ne voir que Pascal et à ne penser qu'à lui, et je crois que c'est réciproque.

— Le public réagira de la même façon. Il y a tellement d'électricité entre vous deux que quand vous êtes sur la scène, personne ne peut regarder ailleurs. J'ai l'impression d'être de trop. Ce serait mieux pour tout le monde si je regardais le spectacle au lieu d'y participer… même si ça va me faire quelque chose.

Je me sens coupable. Je ne m'étais jamais rendu compte que je laissais mon amie de côté.

— Julie… Je suis désolée. Vraiment, excuse-moi. Je ne savais pas que tu te sentais mal à l'aise. J'aurais dû te faire plus de place…

Julie hausse les épaules.

— Ne t'excuse pas ! Le spectacle va être super. Pascal et toi, vous êtes vraiment bons. Vous n'avez pas besoin de moi.

— Je vais laisser le metteur en scène décider, si ça ne te dérange pas.

Je me traîne jusque chez Pascal. Je donnerais cher pour ne pas avoir à lui annoncer la nouvelle. Julie a beau ne pas ne pas être responsable, j'ai peur que Pascal pique une crise. On sait bien, les gens calmes et réservés font les pires colères. Quand je me fâche, c'est intense, mais court. Pascal… J'aime mieux ne pas savoir comment c'est quand il se fâche.

Le sourire de sa mère quand elle m'ouvre la porte me rassure un peu.

— Bonjour, Clara ! Mon Dieu, tu as un drôle d'air. Quelque chose ne va pas ?

— Oui, et je crois que Pascal ne va pas apprécier. Il est là ?

— Oui, dans sa chambre.

Craignant la réponse, je demande :

— Il est comment, Pascal, quand il se fâche ?

Elle soupire.

— Très désagréable. Il crie, il a envie de tout casser et ensuite sa mauvaise humeur peut durer très longtemps. La dernière fois qu'il m'en a voulu, il ne m'a pas parlé pendant deux jours. Mais ça prend vraiment quelque chose de gros pour le mettre en colère.

— Croyez-moi, ce que j'ai à lui annoncer est *énorme*.

Elle change d'expression en un clin d'œil.

— Ça ne va pas bien entre vous deux ?

— Non, ça n'a rien à voir. Je pense qu'il préférerait ça.

Je m'apprête à descendre au sous-sol quand elle me retient avec une main sur mon épaule.

— Ne dis pas ça, Clara. Pascal a changé depuis qu'il te connaît, et encore plus depuis qu'il sait que tu l'aimes. Il sourit beaucoup plus, il me parle plus, il a de l'énergie à revendre… En fait, depuis quelques semaines, il est la bonne humeur incarnée.

Je n'ai jamais eu autant d'importance dans la vie de quelqu'un, même dans celle de Simon. Je me sens soudain une pression supplémentaire sur les épaules, comme si j'étais responsable du bonheur de Pascal. En même temps, je suis reconnaissante à sa mère de m'apprendre qu'il tient autant à moi.

Je murmure un « Merci » embarrassé, puis je me rends à la chambre de Pascal.

Il est en train de répéter la chanson du Roi de Cœur, celle où il réussit enfin à convaincre Alice de lui faire confiance. Ma préférée. Je retiens mon envie de me précipiter dans ses bras.

— Oh, salut, Clara ! Je ne m'attendais pas à te voir ce soir, avec ton cours de danse… As-tu soupé ?

— Oui, merci. J'ai mangé entre la répétition et le ballet.

L'expérience m'a appris que la façon la plus facile d'annoncer une nouvelle, pour moi en tout cas, c'est de plonger et de tout dire d'un seul coup. Ce n'est pas toujours la méthode la plus délicate, mais au moins, le message est clair. Alors, je lance :

— Julie s'est cassé le gros orteil. Elle a le pied dans le plâtre pour six semaines.

Pascal ne réagit pas. C'est à peine s'il cligne des yeux. Je suggère :

— On pourrait retarder le spectacle… Le remettre au mois d'avril, pour donner le temps à Julie de récupérer…

— Non, on ne peut pas. Après la semaine de relâche, Alain et Jean-François ont des compétitions de badminton et de basket.

Il parle d'une voix tellement calme, tellement détachée… Comme si la nouvelle ne le touchait pas. Puis je remarque ses yeux, qui brillent plus que d'habitude… beaucoup plus que d'habitude. Oh non ! Je préférerais mille fois le voir se fâcher, crier, m'insulter même… Je n'ai aucune idée de ce que je devrais faire s'il se met à pleurer. J'ai intérêt à le trouver, et vite, parce qu'il est évident que Pascal ravale ses larmes. Il s'assoit lentement sur son lit. D'une voix toujours aussi calme et assurée, il dit :

— On va tout annuler. On n'a pas le choix, de toute façon.

— Julie dit qu'on est très bons, tous les deux, et que ça marcherait quand même.

— Je me fous de ce que Julie dit. Je ne ferai pas une comédie musicale avec deux acteurs et deux musiciens ! C'est ridicule !

Une larme s'échappe. Il l'essuie avec impatience. Je me place derrière lui, croise mes bras sur sa poitrine et pose ma joue contre son dos. Sentir son corps d'aussi près, le toucher sur une aussi grande surface affole mon cœur et me donne une envie irrésistible de l'embrasser. Mais pour l'instant, je sens, à la façon dont il serre mes mains dans les siennes, qu'il a davantage besoin d'une amie que d'une amoureuse.

— Pascal… On s'est rendus tellement loin ! On ne peut pas lâcher maintenant !

— Oui, on peut.

— D'accord, on peut. Tu ne me feras pas croire que c'est ce que tu veux ! Pas après m'avoir raconté l'histoire de Philippe, pas après m'avoir dit que tu voulais faire ce spectacle à cause de lui !

Pascal caresse distraitement la paume de ma main avec son pouce. Même un contact aussi banal me fait perdre tous mes moyens. Mes idées s'embrouillent. Je vais avoir de plus en plus de mal à trouver des arguments. Un long silence suit mes paroles. Je sens la poitrine de Pascal se soulever et s'abaisser au rythme de sa respiration. Il est complètement abandonné contre moi. Moi qui l'ai toujours vu si fort, si solide, presque invincible, ça me fait tout drôle d'être celle sur qui il s'appuie.

Au bout d'un long moment, il avoue :

— Tu as peut-être raison.

Il porte ma main à sa bouche, embrasse ma paume, puis le bout de chacun de mes doigts. Aussi sûrement que s'il me l'avait dit avec des mots, je sens qu'il vient de mettre la comédie musicale de côté et qu'il s'apprête à se concentrer sur un autre point d'intérêt : moi. Je le serre un peu plus fort en demandant :

— Si on changeait de sujet ?

— Tu m'enlèves les mots de la bouche.

Chapitre 9

Je n'arrive pas à croire que nous y sommes enfin. Le grand soir a fini par arriver. L'accident de Julie a été le dernier problème à survenir et tout le reste s'est passé comme sur des roulettes. La mère de Pascal a fait mon costume et les siens, la troupe a monté le décor, avec l'aide du prof d'arts plastiques de l'école. Côté costumes et décor, tout est impeccable. S'il y a de mauvaises critiques, ce ne sera sûrement pas là-dessus.

Philippe est arrivé cet après-midi dans le plus grand secret. Seuls Julie, ses parents, la mère de Pascal et moi sommes au courant de sa présence. Julie l'a caché chez elle jusqu'à ce soir… sans trop se faire prier, d'ailleurs. Le regard qu'ils ont échangé quand Philippe est descendu de l'autobus ne m'a pas échappé. Dès demain, je me promets de tirer les vers du nez à Julie.

Dans ma robe d'un blanc virginal, j'attends dans les coulisses en tremblant de tous mes membres. Jamais de ma vie je n'ai été aussi nerveuse. Le fait que j'aime Pascal y est sûrement pour quelque chose : je ne voudrais surtout pas le laisser tomber ou le décevoir. Et si j'oubliais mon texte ? Et si je faussais dans les rares chansons que j'ai réussi à apprendre convenablement ? Et si je me barrais les pieds dans ma robe en dansant ? Et si, et si, et si…

Pascal, lui, semble étrangement calme. Comme si tout ça ne le concernait pas. Il discute tranquillement avec Alain et Jean-François pendant que je me ronge les ongles. Je m'approche, au bord de la crise cardiaque. J'ai désespérément besoin qu'il me touche, comme s'il pouvait me communiquer un peu de son calme. Il me comprend sans que j'ouvre la bouche, passe un bras autour de mes épaules et me serre contre lui. Je me sens immédiatement rassurée… mais pas pour longtemps. Julie arrive sur ses béquilles, les yeux brillants et le visage fendu d'un large sourire.

— La salle est pleine ! Vous allez faire un malheur !

Je commence à paniquer. Je ne tiendrai plus très longtemps. Je supplie Pascal :

— On commence bientôt ? Je suis au bord de la crise de nerfs, moi !

Il jette un coup d'œil à sa montre. Le geste ne dure qu'une seconde, mais j'ai le temps de remarquer que sa main tremble. Au regard qu'échangent Alain, Jean-François et Julie, je comprends que je ne suis pas la seule. Pascal est nerveux… Est-ce que c'est bon ou mauvais signe ?

Il prend une grande respiration et lance :

— D'accord, on y va.

Mon cœur bat tellement fort que j'entends à peine Julie lui demander d'attendre encore deux minutes, le temps qu'elle retourne à sa place. Les secondes s'écoulent, interminables. Pascal a les mains dans ses poches, probablement pour les empêcher de trembler, et ne semble pas pressé d'entrer sur scène.

— Pascal, qu'est-ce que tu attends ? Julie doit être à sa place depuis longtemps !

Il me regarde sans me voir, comme si ses yeux fixaient un point derrière moi, et dit d'une voix atone :

— Te rends-tu compte du nombre de personnes dans la salle qui espèrent qu'on va se planter ? Tous ceux qui ont lâché en pensant qu'on ne réussirait pas sans eux, Karine Deschênes et son fan club…

Je n'y avais jamais pensé. Tout d'un coup, je n'ai plus du tout envie de faire ce spectacle. Pascal me pousse dans le dos en disant : « On va leur montrer à quel point ils se trompent ! »

J'avance dans une espèce de brouillard… psychologique, s'entend, parce que côté effets spéciaux, on est loin des spectacles professionnels. Nous avons réussi de peine et de misère à avoir un éclairage qui varie en intensité, et c'est tout. Les couleurs et le reste, on n'y pense pas… On dirait qu'il y a une espèce de boycottage autour du projet de Pascal. Il faut dire qu'en début d'année, il s'est mis pas mal de monde à dos avec son attitude despotique et son manque de tact… Il a raison, une bonne proportion des spectateurs doit être venue pour le voir échouer.

Ma voix sort de façon claire, très posée, ni trop vite ni trop lentement. Les longues heures de répétitions ont fini par porter fruit… Au bout de quelques secondes, j'oublie le public et j'entre complètement dans la peau d'Alice.

Pendant que je débite mon monologue de petite fille sage qui commence à s'ennuyer ferme, Pascal fait son entrée. Comme il se voyait mal déguisé en lapin blanc, surtout parce que son personnage est tout ce qu'il y a de plus sombre, il a remplacé le lapin par un loup. Il porte une espèce de fourrure gris foncé qui lui couvre la tête et le dos. Même pour moi, qui suis à deux pas de lui, son visage est à peine visible.

Le loup s'approche furtivement d'Alice et réussit, sans trop de mal, à la convaincre d'accepter le joint qu'il lui offre. Alice est trop heureuse de sortir un peu de sa vie monotone et le loup lui assure qu'il n'y a aucun danger…

La suite se déroule comme dans un rêve. Pascal entre et sort de ses personnages comme s'il avait fait ça toute sa vie. Sa voix, sa démarche et sa posture s'ajustent à chacun d'eux de façon si parfaite que j'ai du mal à croire qu'il s'agit toujours du même gars sous les costumes. Je sens que j'ai gagné les spectateurs. Ils rient aux bons endroits et je sens la tension monter quand le danger guette Alice. Moi qui me croyais mauvaise comédienne, ce nouveau pouvoir me grise.

Les lumières s'éteignent. Il me faut quelques secondes avant de comprendre que c'est déjà l'heure de l'entracte.

Un peu perdue, je rejoins Pascal dans les coulisses. Il m'accueille avec un grand sourire.

— Tu as été extraordinaire ! Viens, maintenant, il faut refaire ton maquillage.

Je suis trop hébétée pour lui renvoyer le compliment. Je gagerais qu'il ne s'en aperçoit même pas. Je le suis jusqu'au local où Alice-la-fille-sage doit se transformer en Alice-la-zombie. Heureusement qu'il m'indique le chemin parce que dans l'état où je suis, je ne l'aurais pas retrouvé toute seule. J'ai l'impression de marcher dix centimètres au-dessus du sol.

Julie et ses béquilles nous rejoignent après quelques secondes. Tout en appliquant sur mon visage la poudre blanche qui me donnera l'air d'un fantôme, elle n'arrête pas de s'extasier :

— C'est super ! Vous êtes parfaits, tous les deux ! Si vous aviez entendu les gens dans la salle… Tout le monde trouve la pièce géniale ! Finalement, c'est beaucoup mieux que je ne sois pas là. J'aurais vraiment été de trop. Et en plus, je n'aurais pas pu vous voir !

Elle en met un peu trop, comme si elle essayait de se convaincre. Je sais que Julie détesterait que je la prenne en pitié, mais je ne peux pas m'empêcher de la plaindre.

— Moi, j'aurais préféré que tu participes aussi. Tu as le droit d'avouer que ça te fait quelque chose…

Elle soupire.

— Oui, ça me fait quelque chose, mais je me dis qu'après un pareil succès, Pascal va sûrement nous pondre un autre chef-d'œuvre.

— J'espère bien ! Et j'ai l'intention de te suivre à la trace pour t'empêcher de te faire le moindre bleu !

Pascal, qui suit l'opération maquillage de près, a alors un petit sourire en coin. Julie n'a rien vu, mais moi, je suis trop curieuse pour laisser passer ça.

— À quoi tu penses, monsieur le génie ?

— Je pense que Julie a raison, j'ai l'intention de monter un autre projet l'année prochaine, et j'ai déjà une idée.

Julie et moi nous exclamons d'une seule voix :

— C'est quoi ?

— *Le Vilain Petit Canard.* Ce sera un rôle sur mesure pour Julie, avec plein de chorégraphies en groupe et de solos…

Pascal s'anime à mesure qu'il parle. Julie aussi, d'après ce que je peux voir. Elle lui saute au cou en criant qu'elle l'adore.

— Eh, Julie, celui-là, c'est le mien ! Trouve un autre gars, parce que j'ai l'intention de le garder !

Julie et Pascal éclatent de rire. Moi aussi. Julie en profite pour me faire un clin d'œil :

— Justement, je crois que j'en ai trouvé un…

Heureusement, Pascal n'a rien entendu et ne demande donc pas de détails.

Mon maquillage terminé, j'ai l'air plus morte que vivante, exactement ce que Pascal désirait. L'auditoire va avoir tout un choc… Pascal et Julie discutent toujours du vilain petit canard, mais le temps file… et j'ai très envie de retourner sur scène !

— Pascal, je comprends que tu as hâte de commencer ta prochaine comédie musicale, mais on devrait finir celle-ci avant, non ?

— Oui, évidemment ! On ferait mieux d'y aller… Tu es prête ?

— Absolument.

Je suis encore un peu nerveuse au moment où les lumières se rallument. Ce n'est rien comparé à ce que je ressentais au début du spectacle. Cette fois, le public est conquis et Pascal semble emballé par ma performance.

Alice s'enlise de plus en plus dans les pièges que lui tend son pays des merveilles artificiel. Les personnages de Pascal se font de plus en plus cyniques, sombres et dangereux. Il joue tellement bien ses rôles que je sens le danger comme s'il me menaçait, moi, Clara, au lieu d'Alice. Les spectateurs doivent le sentir aussi... Si Pascal ne vise pas une carrière de comédien, il va passer à côté de sa vocation, c'est certain.

Arrive le dernier numéro, celui entre le Roi de Cœur et Alice, mon préféré. C'est une chorégraphie très physique, qui me laisse toujours essoufflée et en sueur. Alice est partagée entre son envie de céder au Roi de Cœur et sa conscience, qui lui hurle de résister, que c'est trop dangereux. Elle finit par succomber. Au début, tout semble parfaitement romantique, mais les mains du Roi remontent bientôt jusqu'à la gorge d'Alice. Malgré toutes ses tentatives pour lui échapper, il finit par l'étrangler.

Je m'écroule sur le sol comme nous l'avons répété tant de fois. Les lumières commencent à s'éteindre quand Pascal, debout près de moi, élève la voix. Ce n'était pas prévu, il n'a parlé à personne de ce rajout. Je me demande même s'il n'improvise pas. L'auditoire retient son souffle. Moi aussi.

— Il y a deux ans aujourd'hui, j'ai perdu mon meilleur ami à cause de la drogue. La drogue est un piège mortel. Souvent, elle ne tue qu'à moitié, en prenant le meilleur et en laissant le pire. Où qu'il soit maintenant, je dédie ce spectacle à Philippe.

L'éclairage s'éteint et la salle explose sous les applaudissements. Pascal me tend la main, me relève et me serre dans ses bras à m'en couper le souffle.

— Tu as réussi, Pascal !

— Non, ON a réussi ! C'est ton projet autant que le mien…

Collés l'un contre l'autre, nous saluons le public avec un large sourire. Si Alice est morte, moi, je ne me suis jamais sentie aussi vivante !

Nous descendons de la scène pour aller rejoindre les spectateurs et recueillir leurs commentaires. Pascal semble au comble du bonheur. Les éloges pleuvent, tout le monde veut le complimenter. Je reçois ma part de félicitations, mais je ne me fais pas d'illusion: le vrai génie, c'est lui. D'ailleurs, je ne suis pas la seule à l'avoir remarqué. C'est tout juste si les gens ne font pas la file pour obtenir son autographe.

Voir son talent enfin reconnu me fait plaisir, mais je trépigne. Julie et Philippe doivent nous attendre au local qui nous a servi de loge. Pascal n'en sait rien, évidemment, et ne semble pas pressé de quitter ses admirateurs. Je lui prends la main.

— Viens, Pascal, il faut que je te présente quelqu'un.

— Ça ne peut pas attendre cinq minutes?

— Non, il faudrait vraiment y aller tout de suite.

Tenant fermement sa main, je l'entraîne vers le local. Je suis encore plus nerveuse qu'avant la représentation. Heureusement, il est sur son nuage et ne s'en aperçoit pas.

Mon cœur est sur le point d'exploser quand nous entrons dans le local. Philippe est bel et bien là, et Pascal n'a pas besoin de présentation pour le reconnaître.

— Philippe ? Qu'est-ce que tu fais ici ?

Sans attendre la réponse, il se tourne vers moi.

— Je t'avais dit de ne pas l'appeler !

Il a l'air d'un animal pris au piège. Je cherche quoi répondre, mais Philippe est plus rapide que moi.

— Moi, je suis content qu'elle l'ait fait. Sans ça, je n'aurais jamais osé te contacter, et je n'aurais jamais pu m'excuser.

— T'excuser ?

— Oui, pour tout ce que je t'ai fait endurer. Si j'avais été à ta place, j'aurais baissé les bras bien avant. Heureusement, tu as la tête dure, et c'est un peu… non, beaucoup grâce à toi si j'ai réussi à m'en sortir.

Pascal boit ses paroles sans bouger, sans même cligner des yeux. C'est à peine s'il respire. Il a l'air complètement perdu. À le voir, on croirait qu'il a oublié ma présence. Pourtant, il serre ma main à la broyer. Il finit par dire, d'une drôle de voix :

— C'est vrai que tu as l'air bien…

Julie choisit ce moment pour s'esquiver en disant :

— Je vais vous laisser seuls. Clara, veux-tu que je t'aide à te démaquiller ?

Je suis parfaitement capable de le faire toute seule, mais comme Pascal n'y connaît rien en maquillage, je saute sur l'occasion.

— Oui, merci, Julie.

Je me tourne vers Pascal. Sa main serre la mienne encore plus fort et une lueur de panique commence à s'allumer dans ses yeux. Je meurs d'envie de rester avec lui, mais Julie a raison, nous serions de trop. Doucement, je déplie ses doigts un à un pour libérer ma main, puis je le serre dans mes bras en lui murmurant à l'oreille :

— Ne t'inquiète pas, ça va bien aller. Je te revois tantôt.

Je n'aurais jamais dû inviter Philippe à notre spectacle. Je n'ai jamais vu Pascal aussi vulnérable…

Une demi-heure plus tard, j'attends avec Julie à la sortie des toilettes des filles quand Pascal apparaît avec Philippe. Tous deux ont le sourire fendu jusqu'aux oreilles. Julie et moi poussons en chœur un immense soupir de soulagement. Mon amie part comme une flèche retrouver son Roméo ; moi, j'ai les jambes trop faibles pour bouger… Pascal me rejoint, me prend dans ses bras, me serre à m'étouffer, le tout sans perdre son sourire.

— Clara, Clara… Veux-tu me dire ce que j'ai fait pour te mériter ? Je ne pourrai jamais assez te remercier !

Mon sourire à moi tremble un peu.

— Tu es content ?

— Content ? Ce n'est pas le mot ! C'est le plus beau jour de ma vie ! Mon spectacle est un succès, j'ai retrouvé mon meilleur ami et je sors avec la fille la plus extraordinaire, la plus généreuse, la plus… Qu'est-ce qu'il y a ? Pourquoi pleures-tu ?

Quand on vit autant d'émotions en même temps, il faut bien évacuer le trop-plein d'une façon ou d'une autre ! Je m'essuie les yeux et me force à sourire.

— J'imagine que c'est le trac qui ressort, et le soulagement aussi… J'espérais tellement que ça irait bien avec Philippe ! Ne t'inquiète pas, ça va passer…

— J'espère, parce que je vais avoir besoin de toi pour mon prochain projet, et il va falloir que tu sois en forme ! Parlant d'être en forme, est-ce qu'il te reste assez d'énergie pour venir avec Philippe et moi manger un morceau ?

— Je ne manquerais ça pour rien au monde ! J'imagine que Julie vient aussi ?

— Julie ? Pourquoi ?

Je n'en crois pas mes oreilles.

— Tu n'as pas vu comment ils se regardent, Philippe et elle ?

— Non, comment ?

Mon expression doit être assez éloquente, car ses yeux s'agrandissent.

— Philippe et Julie ?... Mais comment ils vont faire, lui là-bas et elle ici ?

— Fais confiance à Julie, c'est en plein son genre, les amours à distance.

Nous nous dirigeons vers la sortie de l'école sans nous presser. Nous avons tellement couru, ces derniers jours, pour mettre tous les détails au point, que ce petit moment de répit est bienvenu. Pascal reprend :

— J'espère que ça ne te dérange pas que j'aie pensé à elle pour le rôle principal.

— Absolument pas ! Elle chante mieux que moi, elle danse comme une pro, elle est faite pour ça et elle a l'intention de faire carrière sur une scène. En plus, c'est la personne la plus vaillante et la plus fiable que je connaisse. Elle le mérite. Tant que je garderai le premier rôle dans ta vie...

— Oh, pour ça, tu n'as vraiment pas à t'inquiéter ! De toute façon, on ne commencera pas les répétitions avant l'automne prochain.

— Ah… Et qu'est-ce qu'on va faire de tout notre temps libre ?

— Bien, j'avais pensé qu'on pourrait répéter autre chose, juste pour le plaisir, pas pour un spectacle… Tu sais, pour ne pas perdre la main.

Je sens tout mon enthousiasme s'évaporer. Je croyais que Pascal aurait envie de passer du temps avec moi, autant que j'ai envie d'en passer avec lui… J'essaie d'avoir l'air intéressée :

— Ah oui ? Et c'est quoi, comme scénario ?

— Je n'ai pas encore choisi le titre. J'hésite entre « L'histoire du metteur en scène qui est tombé amoureux de son actrice principale » et « Comment j'ai trouvé la seule fille qui ait jamais réussi à me remettre à ma place et pourquoi je l'aime quand même ». Le premier titre est plus court mais le deuxième est plus représentatif. Qu'est-ce que tu en penses ?

Soulagée, j'éclate de rire. Il m'a bien eue !

— Qu'est-ce que tu dirais de « Tout ce que j'ai toujours eu envie de faire pendant les répétitions sans jamais oser ». Ça te va ?

Pascal prend un air faussement apeuré, mais ses yeux brillent :

— J'imagine qu'il y a beaucoup de cris, d'insultes, de claquements de porte et de coups de poing dans ton histoire ?

— Énormément, mais on pourrait les sauter. Je pensais plutôt à toutes les fois où j'ai eu envie de te toucher, de t'embrasser, de te tomber dans les bras…

Pascal arrête mon énumération en me serrant contre lui. D'une voix un peu moqueuse mais surtout très tendre, il demande :

— On commence tout de suite ?

— C'est toi le metteur en scène, tu décides.

— Honnêtement, Clara, depuis que tu es entrée dans le décor, je n'ai plus l'impression de décider de grand-chose…

Le baiser qui suit est absolument parfait. Malgré tout, je suis certaine que Pascal exigera des heures et des heures de répétitions, en essayant toutes les variations possibles…

Et pour une fois, je serai tout à fait d'accord avec lui !

Achevé d'imprimer au Canada
en décembre 2006
sur les presses de l'imprimerie Lebonfon
Val-d'Or (Québec)